ニューエクスプレス

ルーマニア語
単語集

鈴木エレナ/鈴木学 著

白水社

装丁・本文レイアウト:白畠かおり

はじめに

　ルーマニアの首都 București（ブクレシティ / ブカレスト）の意味は「喜びの地」です。そこでは喜びに満ち、陽気で明るく、ホスピタリティーに富むラテン系ルーマニア人の民族性に出会えます。

　ルーマニアはブクレシティを始めとして、トランシルヴァニア地方、また美しい自然に囲まれたモルドヴァ地方の世界遺産の修道院群、ヨーロッパ最大で自然遺産のドナウ・デルタなど、どこへ行っても感動があります。このような時に、現地の人とルーマニア語で会話できれば、どれほど楽しいことか試してみましょう。

　この本は、ルーマニアに旅行しようと思っている方、仕事や留学で滞在しようと考えている方、さまざまな理由でルーマニア語を学びたい方々のために書かれました。

　入門書として『ニューエクスプレス　ルーマニア語』があります。この2冊の本があればルーマニア語の初級レベルを超え、中級に進むことができます。

　本書は次のように構成されています。ルーマニア語から日本語へは3000語余りを選出、各単語の発音はふりがな付きです。日本語からルーマニア語へは、ジャンル別で1000語以上の単語と、それに例文や表現が含まれています。例文にはふりがなをつけておりませんが、その単語の発音が分からない場合には、各々のルーマニア語・日本語を参照ください。

　本書が、日本とルーマニアの掛橋の一助となることを祈ります。

著　者

もくじ

はじめに 003
凡例 005

ルーマニア語→日本語 007

日本語→ルーマニア語 157

挨拶・言葉 158
数 160
カレンダー 162
季節・気候 164
時間 166
時間の表現 167
代名詞・疑問詞 168
家族 169
人の体 170
人生 172
量・単位 174
家・家具 176
家にある身の回り品 178
家庭電化製品 180
衣服 182
身だしなみ 184
健康・病気 186
通信 188
レストラン・食料品店 190
飲み物 191
料理用食器・調味料 192
料理・味 193
野菜・果物 194

肉・魚 196
パン・菓子 197
買い物 198
勉学 200
仕事 202
趣味・娯楽 204
社会・政治 206
方向・場所 208
交通 210
旅行 212
生き物・植物 214
自然 216
地理・国名 218
色・素材 220
感情を示す表現 222
人の描写 224
日常で使う動詞① 226
日常で使う動詞② 228
形容詞① 230
形容詞② 232
副詞 234

索引 236

活用変化 248

凡例

名	固有名詞
男	男性名詞
中	中性名詞
女	女性名詞
単	単数形
複	複数形
不変 単 複	同じ形
冠 (不定)	不定冠詞
形	形容詞
形 (指示)	指示形容詞
形 (所有)	所有形容詞
女	女性形(名詞以外)
間	間投詞
動	動詞
再	再帰動詞
副	副詞
代 (人称)	人称代名詞
代 (疑問)	疑問代名詞
代 (指示)	指示代名詞
代 (所有)	所有代名詞
代 (不定)	不定代名詞
前	前置詞
接	接続詞
数	数詞
序数 (順)	序数詞

※巻末には、よく使われる動詞や不規則動詞の活用変化を添付しました。

※通常、動詞の不定法は "a" をつけて表記しますが、本書では、巻末以外、省略されています。

※[ ] は置き換え可能であることを表します。

※文字と発音について

例文を除いて、ルーマニア語に近い日本語ふりがなが付いています。便宜上 "ă" は本来 [ə] と発音するところ語尾だけ「アー」と表記し、また â/î は差異をつけず "â/î"「ウ」と表記しました。

ルーマニア語 ✈ 日本語

A

a ア → **al** アル	冠 (属) …の、…のもの
abdomen アブドメン	中 腹
abdominal アブドミナル	形 腹の
abecedar アベチェダル	中 初歩読本
abia アビア	副 やっと、辛うじて
abona (se ~) アボナ (セ ~)	再 (予約)購読する；加入する
absenta アブセンタ	動 留守にする、欠席する
absolvi アブソルヴィ	動 卒業する
ac アク	中 針、縫い針
acasă アカサー	副 家に、家で
se întoarce *acasă*	家に帰る
pleca de *acasă*	家から出かける
accelerat アクチェレラト	形 準急の
tren *accelerat*	準急列車
accepta アクチェプタ	動 同意する、受けつける
accident アクチデント	中 事故
acea アチェア	代 (指示) あの、その (複 acele アチェレ)
acea femeie	その女性
aceea アチェイエア	代 (指示) あれ、それ；あの人、その人 (複 acelea アチェレア)
Aceea este japoneză.	その人は日本人女性です。
aceeași アチェイエアシ	形 女 同じ、同一の
acel アチェル	形 あの、その (女 acea アチェア)
acela アチェラ	代 (指示) あれ、それ (複 aceia アチェイア)
Acela e inginer.	あれは技師です。
Aceia sunt elevi.	あれは生徒達です。
același アチェラシ	形 同じ、同一の

008

acest アチェスト	形 この
acesta アチェスタ	代 これ、この人
acolo アコロ	副 あそこ
până *acolo*	あそこまで
acompania アコンパニア	動 伴奏する、同伴する、伴う
acoperiș アコペリシ	中 屋根
acord アコルド	中 同意、一致
fi de *acord*	同意する
acru アクル	形 酸っぱい（女 acră アクラー）
activ アクティヴ	形 活発な、活動的な
actor アクトル	男 役者、俳優
actriță アクトゥリツァー	女 女優
actual アクトゥアル	形 現在の、今の
acum アクム	副 今、今日
de *acum* înainte	これから先
adăuga アダウガ	動 加える、足す
se adăuga	再 つけ加える、足される
adânc アドゥンク	形 深い
adâncime アドゥンチメ	女 深さ
adevăr アデヴァル	中 真実、事実、真理
adevărat アデヴァラト	形 本当の / 副 本当に
adineaori アディネアオリ	副 先ほど、少し前に
admitere アドミテレ	女 合格、許可
adolescent アドレスチェント	男 青年期の人、青年、少年
adolescență アドレスチェンツァー	女 青年期、思春期
adormi アドルミ	動 眠らせる
adresă アドゥレサー	女 住所、宛名
aduce アドゥチェ	動 持ってくる、連れてくる

adult アドゥルト	男	大人
aduna アドゥナ	動	集める、呼び集める；積算する
se aduna	再	集まる、集合する
adunare アドゥナレ	女	集まり；積算
aer アイェル	中	空気
aer condiționat		エアコン
aerian アイェリアン	形	航空の；空中の
aerisi アイェリスィ	動	風を通す、換気する
aerisire アイェリスィレ	女	換気、通風
aeroport アイェロポルト	中	空港、飛行場
afacere アファチェレ	女	事、事柄
afacere comercială		商用
face *afaceri*		商売する
afară アファラー	副	外へ、外に
în *afară* de ...		…を除いて
afine アフィネ	女複	ブルーベリー
afla アフラ	動	見つける、発見する
se afla	再	いる、ある、存在する
Africa アフリカ	名	アフリカ
african アフリカン	男	アフリカ人（女 africancă アフリカンカー）
	形	アフリカの（女 africană アフリカナー）
agăța アガツァ	動	掛ける、引っ掛ける
se agăța	再	引っ掛かる
agenție アジェンツィイェ	女	代理店、出張所
agenție de presă		通信社
agita アジタ	動	かき混ぜる；動揺させる
se agita	再	動揺する、騒ぐ
agitat アジタト	形	動揺している、荒れた（海）

agricol アグリコル	形 農業の
produse *agricole*	農産物
agricultor アグリクルトル	男 農業（従事者）；農夫、耕作者
agricultură アグリクルトゥアー	女 農業
aici アイチ	副 ここに、ここで
ajun アジュン	中 前夜、前日、直前
ajunge アジュンジェ	動 到着する、達する
ajuta アジュタ	動 助ける、手伝う
ajutor アジゥトル	中 助け、手伝い、援助
cere *ajutor*	助けを求める
al アル	冠（属）…の、…のもの（女 a ア）（複 ai アイ、ale アレ）
al meu	私のもの（所有するものが女性なら a mea アメァ）
alaltăieri アラルタイェリ	副 一昨日
alătura アラトゥラ	動 添える、合わせる、加える、付ける
se alătura	再 近付く；合併する、加入する
alături アラトゥリ	副 側に
alb アルブ	形 白い（女 albă アルバー）
albastru アルバストゥル	形 青い（女 albastră アルバストゥラー）（複 albaștri アルバシトゥリ、albastre アルバストゥレ）
albină アルビナー	女 みつばち
album アルブム	中 アルバム
alcool アルコオル	中 アルコール、酒
alcoolic アルコオリク	形 アルコール性の
alege アレジェ	動 選ぶ、選挙する
se alege	再 選ばれる、選挙される
alegeri アレジェリ	女複 選ぶこと；選挙

alerga アレルガ	動 走る、駆ける
ales アレス	形 選ばれた
aliment アリメント	中 食品、食料
alimenta アリメンタ	動 食物を与える
alimentar アリメンタル	形 食物の、食料の
produse *alimentare*	食料品
alimentară アリメンタラー	女 食料品店、スーパーマーケット
alt アルト	形 (不定) 他の、別の (女 altă アルター)
aluminiu アルミニゥ	中 アルミニウム
amabil アマビル	形 優しい、親切な / 副 親切に、優しく
amabilitate アマビリタテ	女 親切さ、愛想のよさ
cu *amabilitate*	親切に、愛想よく、好意的に
amar アマル	形 苦い
amănunțit アマヌンツィト	形 詳しい、詳細な
ambii アムビィ	数 (集合) 両方、双方
America アメリカ	名 アメリカ
american アメリカン	男 アメリカ人 (女 americancă アメリカンカー)
amesteca アメステカ	動 混ぜる
amfiteatru アムフィテアトゥル	中 階段教室
amiază アミァザー	女 正午
aminti アミンティ	動 思い出させる
a-și aminti	再 思い出す
an アン	男 年 (複 ani アニ)
ananas アナナス	男 パイナップル
Anglia アングリア	名 英国
animal アニマル	中 動物
aniversa アニヴェルサ	動 記念する
aniversare アニヴェルサレ	女 記念日

anotimp アノティムプ	中 季節、シーズン
anual アヌアル	形 毎年の、一年の
	副 年毎に、毎年、一年に
anula アヌラ	動 取り消す、無効にする
anume アヌメ	副 つまり、すなわち
anumit アヌミト	形 一定の、ある、特定の
anunț アヌンツ	中 通知、知らせ
anunța アヌンツァ	動 通知する、知らせる
aparat アパラト	中 装置、機器
aparat de fotografiat	写真機、カメラ
apartament アパルタメント	中 アパート
apartament de lux	マンション
apă アパー	女 水
apă de băut	飲料水
apăra アパラ	動 守る、保護する、防衛する
se apăra	再 自衛する、自己弁護する
apărare アパラレ	女 守ること、防衛、保護
apărare legitimă	正当防衛
apăsa アパサ	動 押す；圧迫する
aperitiv アペリティヴ	中 前菜
aplauda アプラウダ	動 拍手する
aplauze アプラウゼ	女 (複のみ) 拍手
apleca アプレカ	動 曲げる、屈める
apleca capul	頭を下げる
se apleca	再 屈む、お辞儀をする
apoi アポィ	副 それから、後で
aprecia アプレチア	動 評価する、鑑定する
aprilie アプリリィェ	中 4月

aproape アプロアペ	副	近くに；ほとんど；傍に
aproape de		…の近くに
de *aproape*		近くから
aproba アプロバ	動	認可する；承認する
apropia アプロピア	動	近付ける
se apropia	再	近付く、接近する
apropiat アプロピアト	形	近い、近くの
aragaz アラガズ	中	ガスレンジ
arahide アラヒデ	女	ピーナッツ、落花生
aramă アラマー	女	銅
aranja アランジャ	動	揃える、整頓する
se aranja	再	身なりを整える
arbore アルボレ	男	木、樹木
arc アルク	中	弓
arde アルデ	動	焼く、燃やす
se arde	再	火傷する
ardei gras アルデイ グラス	男	ピーマン
argint アルジィント	中	銀
argintiu アルジィンティゥ	形	銀色の
arhitect アルヒテクト	男	建築家
armată アルマター	女	軍、軍隊
armă アルマー	女	武器、兵器
arsură アルスラー	女	火傷
artă アルター	女	芸術、芸、技
artist アルティスト	男	芸術家
artistic アルティスティク	形	芸術の、芸術的な
arunca アルンカ	動	投げる、捨てる

asculta アスクルタ	動 聴く、言う通りにする	
asculta muzică	音楽を聞く	
ascunde アスクンデ	動 隠す、秘密にする	
se ascunde	再 隠れる	
ascuți アスクツィ	動 研ぐ；鋭くする；削る	
ascuțitoare アスクツィトアレ	女 鉛筆削り	
aseară アセアラー	副 夕べ、昨晩	
asemănător アセマナトル	形 似たような、同様な	
asemenea アセメネア	副 同じように、同じく／形 こんな、そんな	
asfinți アスフィンツィ	動 （日が）没する、沈む	
Asia アスィア	名 アジア	
asiatic アスィアティク	形 アジアの	
asigurare アスィグラレ	女 保険、保障、確保	
asigurare de sănătate	健康保険	
asistent アスィステント	男 助手（女 asistentă アスィステンター）	
asistent medical ／ *asistentă* medicală　看護師		
asociat アソチアト	男 仲間；共同経営者	
aspirator アスピラトル	中 掃除機	
astăzi アスタズィ	副 今日	
astfel (de) アストフェル（デ）	形 こんな、そんな	
aşa アシァ	副 このように、こうして；そう、さようで	
aşeza アシェザ	動 座らせる	
se aşeza	再 座る	
aştepta アシテプタ	動 待つ	
aşterne アシテルネ	動 敷く	
aşterne patul	寝床を敷く	
ataşa アタシァ	動 添える	
se ataşa	再 結びつく、懐く	

atenție アテンツィイェ	女 注意、配慮；用心
ateriza アテリザ	動 着陸する
aterizare アテリザレ	女 着陸
atinge アティンジェ	動 触る、触れる；達する
atitudine アティトゥディネ	女 態度
atletic アトゥレティク	形 陸上競技の
atletism アトゥレティスム	中 陸上競技
atmosferă アトゥモスフェラー	女 大気、雰囲気
atmosferic アトゥモスフェリク	形 大気の、空気の
atunci アトゥンチ	副 その時に、その場合
pe *atunci*	その頃
august アウグスト	中 8月
aur アウル	中 金、黄金
auriu アウリゥ	形 金色の
autobuz アウトブズ	中 バス
automobil アウトモビル	中 自動車
autor アウトル	男 作者、著者
autoservire アウトセルヴィレ	女 セルフサービス
autostradă アウトストゥラダー	女 高速道路
autovehicul アウトヴェヒクル	中 自動車
auz アウズ	中 聴覚、聞くこと
auzi アウズィ	動 聞く、耳にする
se auzi	再 聞こえる
avansa アヴァンサ	動 昇進する、前進する
avarie アヴァリイェ	女 （機械等の）故障
avea アヴェア	動 持つ
avere アヴェレ	女 財産、富
aviator アヴィアトル	男 飛行士

avion アヴィオン	中 飛行機	
avocat アヴォカト	男 弁護士	
azi アズィ	副 今日	
azil アズィル	中 避難所、保護所	
azil de bătrâni	老人ホーム	

B

bacşiş バクシィシ	中 チップ、心づけ
bagaj バガジ	中 荷物
baie バイェ	女 風呂
balanţă バランツァー	女 天秤、秤
balcon バルコン	中 バルコニー、露台、ベランダ
balerină バレリナー	女 バレリーナ、バレエダンサー
balet バレト	中 バレエ
banal バナル	形 平凡な、つまらない
bancar バンカル	形 銀行の
cont *bancar*	銀行口座
bancă バンカー	女 銀行；ベンチ（複 bănci バンチ）
bancnotă バンクノター	女 紙幣
bani バニ	男 複 お金
bar バル	中 バー、酒場
barbă バルバー	女 ひげ
barcă バルカー	女 ボート、小船
barcă de salvare	救命ボート
barieră バリイェラー	女 踏切
barman バルマン	男 バーテンダー
baschet バスケト	中 バスケットボール
baston バストン	中 杖

bate バテ	動 殴る、叩く、打つ、打ち破る
se bate	再 殴りあう
baterie バテリイェ	女 電池、バッテリー
batic バティク	中 ネッカチーフ
batistă バティスター	女 ハンカチ、手拭
băcănie バカニイェ	女 雑貨店
băga バガ	動 突っ込む、差し込む
băiat バイアト	男 男の子、少年
băieţel バイェツェル	男 少年
bărbat バルバト	男 男性
bărbătesc バルバテスク	形 男らしい、勇ましい、男性的な
bărbăteşte バルバテシテ	副 男らしく、勇ましく
bătrân バトゥルン	男 老人（女 bătrână バトゥルナー）
băutură バウトゥラー	女 飲み物
băuturi alcoolice	アルコール飲料
bea ベア	動 飲む
bebeluş ベベルシ	男 赤ん坊
benzină ベンズィナー	女 ガソリン
benzinărie ベンズィナーリイェ	女 ガソリンスタンド
berărie ベラリイェ	女 ビアホール
bere ベレ	女 ビール
bibliotecă ビブリオテカー	女 図書館、本箱
bicicletă ビチクレター	女 自転車
biciclist ビチクリスト	男 自転車に乗った人
biftec ビフテク	中 ビーフステーキ
bijuterii ビジュテリィ	女複 宝石（単 bijuterie ビジュテリイェ）
bilet ビレト	中 切符
bine ビネ	副 よく、上手に

bineînțeles ビネウンツェレス	副 もちろん、言うまでもなく	
binevoitor ビネヴォイトル	形 親切な	
birou ビロウ	中 書斎;事務所;机	
birou de informații	案内所	
biscuiți ビスクイツィ	男複 ビスケット	
biserică ビセリカー	女 教会	
bizar ビザル	形 奇妙な、変な	
blând ブルンド	形 おとなしい、温和な	
bluză ブルザー	女 ブラウス	
boală ボアラー	女 病気、疾病（複 boli ボリ）	
bogat ボガト	形 金持ちの、裕福な	
bogăție ボガツィイェ	女 富、豊富	
bolnav ボルナヴ	男 病人、患者 / 形 病気の	
bomboane ボムボアネ	女複 飴、ボンボン、キャンデー	
borcan ボルカン	中 (広口)瓶	
botanic ボタニク	形 植物学の	
grădină *botanică*	植物園	
bou ボウ	男 雄牛	
brad ブラド	男 〈植〉もみの木（複 brazi ブラズィ）	
braț ブラツ	中 腕（複 brațe ブラツェ）	
brățară ブラツァラー	女 腕輪、ブレスレット	
brânză ブルンザー	女 チーズ	
brichetă ブリケター	女 ライター	
brioșă ブリオシャー	女 甘菓子パン、ブリオッシュ	
bronșită ブロンシィター	女 〈医〉気管支炎	
bronz ブロンズ	中 青銅、ブロンズ	
broșă ブロシャー	女 ブローチ	

019

brumă ブルマー	女 霜
cădea *bruma*	霜が降りる
brunet ブルネト	形 顔の浅黒い、黒髪の
brusc ブルスク	副 突然に、思いがけなく
brutărie ブルタリイェ	女 パン屋（製造販売）
bucate ブカテ	女複 食物、料理
bucătar ブカタル	男 料理人、コック
bucătărie ブカタリイェ	女 台所、キッチン、厨房
bucura (se -) ブクラ（セ～）	再 喜ぶ、嬉しがる
bucurie ブクリイェ	女 喜び、嬉しさ
bucuros ブクロス	形 喜ばしい、嬉しい
	（女 bucuroasă ブクロアサー）
	副 喜んで、嬉しく
bulevard ブレヴァルド	中 （並木のある）大通り
Bulgaria ブルガリア	名 ブルガリア
bumbac ブムバク	中 綿、木綿
țesături de *bumbac*	綿織物
bun ブン	形 よい、結構な（女 bună ブナー）
bunic ブニク	男 祖父
bunică ブニカー	女 祖母
bursă ブルサー	女 奨学金；証券取引所
burtă ブルター	女 おなか、腹
bust ブスト	中 半身像、胸像
butoni ブトニ	男複 ボタン
buză ブザー	女 唇（複 buze ブゼ）
buzunar ブズナル	中 ポケット
bani de *buzunar*	小遣い

C

ca カ	接 (比較) …のように、…のような
cablu カブル	中 ケーブル、電線
cadou カドウ	中 お土産、プレゼント (複 cadouri カドウリ)
cafea カフェア	女 コーヒー (複 cafele カフェレ)
caiet カイェト	中 ノート、帳面
caise カイセ	女複 あんず (単 caisă カイサー)
cal カル	男 馬 (複 cai カイ)
calcul カルクル	中 勘定、計算
calcula カルクラ	動 計算する、勘定する
calculator カルクラトル	中 計算機；パソコン
cald カルド	形 暖かい、熱い
calendar カレンダル	中 カレンダー、暦
calitate カリタテ	女 質、性質、品質
calm カルム	形 穏やかな、静かな、冷静な
calma カルマ	動 落ち着かせる、静める
se calma	再 静まる、穏やかになる、落ち着く
calmant カルマント	中 鎮痛剤、鎮静剤
cam カム	副 ほぼ、ほとんど；約、やや
cameră カメラー	女 部屋
camion カミオン	中 トラック
campanie カムパニィェ	女 〈政治〉運動
campanie electorală	選挙運動
campion カムピオン	男 チャンピオン、選手権保持者
campionat カムピオナト	中 選手権
canal カナル	中 チャンネル (複 canale カナレ)
	中 運河、側溝 (複 canaluri カナルリ)
canapea カナペア	女 ソファー

cană カナー	女 水差し（穣 căni カニ）
candida カンディダ	動 立候補する
candidat カンディダト	男 候補者、志願者
canicală カニクラー	女 猛暑
cantină カンティナー	女 食堂
cantitate カンティタテ	女 量、数量
cap カプ	中 頭（穣 capete カペテ）
capabil カパビル	形 有能な、能力のある
capac カパク	中 ふた
capacitate カパチタテ	女 能力、容量
capăt カパト	中 終点、端
capital カピタル	中 資本
capitală カピタラー	女 首都
capricios カプリチオス	形 気紛れな、わがままな
caracter カラクテル	中 性格、特徴；文字；記号
caracteristic カラクテリスティク	形 特徴的な、特有の
caracteristică カラクテリスティカー	女 特徴、特性
care カレ	代 (疑問) どれ、どちら、誰
caricatură カリカトゥラー	女 漫画
caricaturist カリカトゥリスト	男 漫画家
carie カリイェ	女 虫歯
carieră カリイェラー	女 職歴、経歴
face *carieră*	出世する
carne カルネ	女 肉；肉体
carnet カルネト	中 通帳、手帳
carnet de depuneri	預金通帳
carte カルテ	女 本（穣 cărți カルツィ）
carte poștală	葉書

cărți de joc	トランプ
cartier カルティイェル	中 地区、（市街の）一区画
cartofi カルトフィ	男複 じゃがいも
casă カサー	女 家；レジ
cascadă カスカダー	女 滝（複 cascade カスカデ）
casetă カセター	女 小箱、手箱、カセット
casetă video	ビデオテープ
casier カスィイェル	男 会計係、出納係
casierie カスィエリイェ	女 レジ、精算窓口
castane カスタネ	女複 栗（単 castană カスタナー）
castaniu カスタニゥ	形 栗色の、褐色の
castraveți カストゥラヴェツィ	男複 きゅうり
castron カストゥロン	中 丼、ボール
catalog カタログ	中 カタログ、目録
categoric カテゴリク	形 断定的な、有無を言わせぬ
cauciuc カウチゥク	中 ゴム；タイヤ
cauza カウザ	動 …の原因となる
cauza dificultăți	困難を起こす
cauză カウザー	女 理由、原因
cavernă カヴェルナー	女 洞窟
caz カズ	中 事件；場合
caza カザ	動 宿泊させる、泊める
cazare カザレ	女 宿泊
că カー	接 …ということ、…だから
Cred *că* da [așa este].	そうだと思います。
căciulă カチゥラー	女 毛皮帽子
cădea カデア	動 落ちる、倒れる、陥る
cădea de acord	合意に達する

cădere カデレ	女 落下、落ちること
călător カラトル	男 旅行者、旅人、旅客
călători カラトリ	動 旅行する
călătorie カラトリイェ	女 旅行
călca カルカ	動 踏む；アイロンをかける
călcat カルカト	中 アイロンをかけること
fier de *călcat*	アイロン
căldură カルドゥラー	女 温かさ、暑さ；暖かさ
călduros カルドゥロス	形 温かい
căli カリ	動 鍛える
se căli	動 鍛えられる、強くなる
cămaşă カマシァー	女 シャツ、ワイシャツ
cămaşă de noapte	寝間着
cămilă カミラー	女 ラクダ
căpătâi カパトゥイ	中 枕、枕元
căprui カプルイ	形 褐色の、茶色の
căpşuni カプシゥニ	女複 いちごの実
căra カラ	動 運ぶ、運送する
cărămidă カラミダー	女 煉瓦
cărbune カルブネ	男 石炭、炭
sobă cu *cărbuni*	石炭ストーブ
căsători (se -) カサトリ (セ 〜)	再 結婚する
căsătorie カサトリイェ	女 結婚
căsuţă カスツァー	女 小さな家、小屋
căsuţă poştală	私書箱、ポスト
căuta カウタ	動 捜す
câine クィネ	男 犬 （複 câini クイニ）
câmpie クムピイェ	女 平野、平原

când クンド	副 いつ、何時に
cânta クンタ	動 歌う
cânta la ...	…を弾く
cântăreț クンタレツ	男 歌手（女 cântăreață クンタレアツァー）
cântări クンタリ	動 量る
cântec クンテク	中 歌
cârciumă クルチゥマー	女 飲み屋、パブ
cârnați クルナツィ	男 ソーセージ
câştiga クシティガ	動 勝つ
cât クト	代（疑問）幾つ（女 câtă クター）（複 câți クツィ 女 câte クテ）
Cât e ceasul acum?	今何時ですか?
câte クテ	副 …ずつ
câte două	二つずつ
ce チェ	代（疑問）何?
Ce este?	何ですか?
ceai チェアイ	中 お茶、紅茶
ceainic チェアイニク	中 やかん
cealaltă チェアラルター	形 女（指示）他の（複 celelalte チェレラルテ）
	代（指示）他のもの
ceapă チェアパー	女 たまねぎ
cearşafuri チェアルシァフリ	中 複 シーツ（単 cearşaf チェアルシァフ）
ceartă チェアルター	女 喧嘩
ceas チェアス	中 時計
ceaşcă チェアシカー	女 カップ（複 ceşti チェシティ）
ceață チェアツァー	女 霧
Cehia チェヒア	名 チェコ

025

celălalt チェララルト	形 (指示) 他の (複 ceilalți チェイラルツィ)
	代 (指示) 他のもの
celibatar チェリバタル	男 独身者 (女 celibatară チェリバタラー)
centru チェントゥル	中 中心、センター
cenușiu チェヌシィゥ	形 灰色の
cer チェル	中 空、天
ceramică チェラミカー	女 陶器
ceramist チェラミスト	男 陶芸家
cercei チェルチェィ	男 複 イヤリング
cercetător チェルチェタトル	男 研究者
cere チェレ	動 求める、請求する
cereale チェレアレ	女 複 穀物
cetățenie チェタツェニイェ	女 国籍
ceva チェヴァ	代 (不定) 何か、何らか
chec ケク	中 パウンドケーキ
cheie ケイェ	女 鍵 (複 chei ケイ)
chelner ケルネル	男 ウエイター
chema ケマ	動 呼ぶ
chiar キァル	副 …でさえ、丁度
chibrit キブリト	中 マッチ (複 chibrituri キブリトゥリ)
chiloți キロツィ	男 パンツ
China キナ	名 中国
chinez キネズ	男 中国人 (女 chinezoaică キネゾァイカー)
chirurgie キルルジィイェ	女 外科
chitanță キタンツァー	女 領収書
chiuvetă キゥヴェター	女 洗面台
ciclistă チクリスター	形 自転車の
cursă *ciclistă*	自転車競争

cinci チンチ	数	5
cincilea (al -) チンチレァ (アル 〜)	序数	第5の（女 a cincea ア チンチェア）
cincisprezece チンチスプレゼチェ	数	15
cincizeci チンチゼチ	数	50
cine チネ	代	(疑問) 誰? どなた?
Cine este el?		彼は誰ですか?
cinematograf チネマトグラフ	中	映画館
cinstit チンスティト	形	正直な
cioară チォアラー	女	カラス
ciocolată チォコラター	女	チョコレート
ciorapi チォラピ	男複	ストッキング
ciorbă チォルバー	女	(酸味のある) スープ
circulație チルクラツィイェ	女	交通
cireș チレシ	男	桜の木
cireșe チレシェ	女複	さくらんぼ
citi チティ	動	読む
ciuperci チゥペルチ	女複	キノコ
ciurpene チゥルペネ	男	(ぶどうの) 房
cizme チズメ	女複	長ブーツ
clasă クラサー	女	教室
clasic クラスィク	形	古典的な、クラシックな
clădire クラディレ	女	建物
clătite クラティテ	女複	クレープ
client クリイェント	男	客
climă クリマー	女	気候
climă temperată		温暖な気候
club クルブ	中	クラブ
coafeză コァフェザー	女	美容師

coafor コアフォル	中	美容院
coborî コボル	動	降りる
coborî din tren		電車を降りる
coechipier コイェキピイェル	男	チームメイト
cofetărie コフェタリイェ	女	喫茶店
coleg コレグ	男	同僚、仲間
coleg de clasă		同級生、級友
colet コレト	中	小包
colier コリイェル	中	ネックレス
comerciant コメルチアント	男	商売人
comerț コメルツ	中	商売
comod コモド	形	心地よい
companie コムパニイェ	女	会社
companie de comerț exterior		貿易商社
compătimi コムパティミ	動	気の毒に思う
competiție コムペティツイイェ	女	試合；競争
complet コムプレト	形	全部そろった、完全な
completa コムプレタ	動	記入する
complicat コムプリカト	形	複雑な
caz *complicat*		複雑な事件
compozitor コムポズィトル	男	作曲家
compoziție コムポズィツイイェ	女	構成、制作、コンポジション
compoziție muzicală		作曲
comună コムナー	女	村
comunicație コムニカツイイェ	女	通信
concediu コンチェディウ	中	休暇
concert コンチェルト	中	コンサート
condimente コンディメンテ	中複	調味料

conducător コンドゥカトル	男 指導者
conduce コンドゥチェ	動 指導する；運転する
conductă コンドゥクター	女 管、導管
conductă de apă	水道管
congelare コンジェラレ	女 冷凍、凍結
congelator コンジェラトル	中 冷凍庫
conopidă コノピダー	女 カリフラワー
conservă コンセルヴァー	女 缶詰
construcție コンストゥルクツィイェ	女 建築
construi コンストゥルィ	動 建築する
consulta コンスルタ	動 診察してもらう；相談する
consultație コンスルタツィイェ	女 診察、相談
consultație juridică	法律相談
continent コンティネント	中 大陸
continua コンティヌア	動 続く
control コントゥロル	中 コントロール、検査
control de pașapoarte	パスポートコントロール
convinge コンヴィンジェ	動 納得させる
se convinge	再 納得する、確信を得る
convingere コンヴィンジェレ	女 確信、信念
copac コパク	男 木、樹木
copil コピル	男 子供
copilărie コピラリィェ	女 子供時代、生い立ち
corect コレクト	形 正しい、正直な
corespondență コレスポンデンツァー	女 通信、郵便
coridor コリドル	中 廊下
corp コルプ	中 体、身体
cosmetice コスメティチェ	中複 (produse 〜) 化粧品

cosmonaut コスモナウト	男	宇宙飛行士
costum コストゥム	中	スーツ
cot コト	中	肘（複 coate コァテ）
coti コティ	動	曲る
cotitură コティトゥラー	女	曲がり角、屈曲部
cotlet コトゥレト	中	骨付きの背肉、コートレット
cotlet de porc		トンカツ
covor コヴォル	中	じゅうたん、カーペット
cozonac コゾナク	男	ルーマニア風パンケーキ
crap クラプ	男	〈魚〉コイ
cratiță クラティツァー	女	鍋
cravată クラヴァター	女	ネクタイ
Crăciun クラチウン	中	クリスマス
crâng クルング	中	林
crede クレデ	動	信じる、信用する
credit クレディト	中	信用、信用貸し
creion クレイオン	中	鉛筆（複 creioane クレイオァネ）
creşte クレシテ	動	育つ
creştin クレシティン	男	キリスト教徒 / 形 キリスト教の
critica クリティカ	動	批判する、批評する
critică クリティカー	女	批判、批評
criză クリザー	女	危機
criză economică		経済危機
croitor クロイトル	男	仕立屋、テーラー
croitoreasă クロイトレアサー	女	（女の）仕立屋、裁縫師
crud クルド	形	生の、未熟な；残虐な
cu ク	前	…とともに
cu toate că ...		…にもかかわらず

cu condiția să ...	…という条件で
cui クイ	代 (疑問) 誰に (cine の与格)
Cui i-ai dat cartea?	誰に本を渡しましたか?
cui クイ	代 (疑問) 誰の? (al ~ / a ~ / ai ~ / ale ~) (cine の属格)
A *cui* este cartea?	誰の本ですか?
cui クイ	中 釘 (複 cuie クイエ)
cuib クイブ	中 巣 (複 cuiburi クイブリ)
culca クルカ	動 寝かせる;横たえる、打ち倒す
se culca	再 寝る;横になる
culege クレジェ	動 収穫する
culme クルメ	女 頂上、極地、極限
culoar クロアル	中 廊下
culoare クロアレ	女 色、色彩 (複 culori クロリ)
cultiva クルティヴァ	動 耕す、栽培する
se cultiva	再 栽培される
cultural クルトゥラル	形 文化の
nivel *cultural*	文化水準
cultură クルトゥラー	女 文化、教養、耕作、栽培
cultură generală	一般的教養
om de *cultură*	文化人
cuminte クミンテ	形 おとなしい
cumpăra クムパラ	動 買う、購入する
cumpărături クムパラトゥリ	女複 買い物
cumpătat クムパタト	形 冷静な、どっしりした
cumsecade クムセカデ	形 親切な
cunoaște クノアシテ	動 知る
cunoscut クノスクト	形 有名な、周知の

031

cunoștință クノシティンツァー	女	知識；知人
face *cunoștință* cu ...		…と知り合いになる
cuprinde クプリンデ	動	含む；見渡す
cât *cuprinzi* cu ochii		見渡す限り
cupru クプル	中	銅
cuptor クプトル	中	オーブン、かまど
cuptor cu microunde		電子レンジ
curaj クラジ	中	勇気
curajos クラジオス	形	勇敢な、大胆な
curat クラト	形	清い、清潔な、純粋な
inimă *curată*		清い心
curățenie クラツェニイェ	女	掃除、清掃、清潔
curând (în ~) クルンド（ウン～）	副	すぐに、間もなく；もうすぐ
de *curând*		最近
curbă クルバー	女	カーブ、曲線
curcan クルカン	男	七面鳥（女 curcă クルカー）
curcubeu クルクベウ	中	虹
curea クレア	女	ベルト
curios クリオス	形	好奇心の強い；奇妙な
curs クルス	中	講義；流れ；相場；講座
curs de vară		夏期講座
curte クルテ	女	中庭、宮廷
cutie クティイェ	女	箱、缶（複 cutii クティイ）
cutremur クトゥレムル	中	地震
cuțit クツィト	中	ナイフ、包丁
cuvânt クヴント	中	言葉（複 cuvinte クヴィンテ）

D

da ダ	副 はい、そうです
da ダ	動 与える、やる、くれる
da mâna	握手する
dacă ダカー	接 もし…（ならば）
damă ダマー	女 女性
de *damă*	女性用の、女性の
Danemarca ダネマルカ	名 デンマーク
danez ダネズ	男 デンマーク人（女 daneză ダネザー）
dans ダンス	中 舞踊、ダンス
dansa ダンサ	動 踊る、ダンスする
dansatoare ダンサトァレ	女 踊り子、舞踊家、ダンサー
dar ダル	接 …が、けれども；しかし
	中 贈り物；天分（複 daruri ダルリ）
data ダタ	動 日付をつける
dată ダター	女 日付；回、度
de *dată* a aceasta	今回、今度
datora ダトラ	動 義務がある；借金がある
datorie ダトリイェ	女 借金；義務
dărâma ダルマ	動 壊す、破壊する
se *dărâma*	再 倒壊する、崩れ落ちる
Casa veche *s-a dărâmat*.	古い家が崩れ落ちた。
de デ	前 …の
deal デアル	中 丘（複 dealuri デアルリ）
de-alungul デアルングル	副 …に沿って
deasupra デアスプラ	前 …の上に／副 上方に
decadă デカダー	女 十日間、旬間
prima *decadă*	上旬

a doua *decadă*	中旬
ultima *decadă*	下旬
decât デクト	副 …より、…しか（…ない）
deceda デチェダ	動 死亡する
decembrie デチェムブリイェ	男 12月
deceniu デチェニゥ	中 十年間、…十年代
deces デチェス	中 死亡
deci デチ	接 したがって、というわけで
decide デチデ	動 決心させる、決定する
se decide	再 決定される、決まる
declara デクララ	動 宣言する、申告する、届ける
declarant デクララント	男 申告者、届け人
declaraţie デクララツィイェ	女 宣言、布告、言明、届
decola デコラ	動 離陸する
decolare デコラレ	女 離陸
decongela デコンジェラ	動 解凍する
decor デコル	中 飾り、装飾
decora デコラ	動 装飾する、飾る；勲章を与える
dedesubt デデスプト	副 下方に、下に
defavorabil デファヴォラビル	形 不利な、不利益な、都合の悪い
defect デフェクト	中 欠点、短所、欠陥、故障
defecta デフェクタ	動 故障させる
se defecta	再 故障する
deficit デフィチト	中 赤字
defini デフィニ	動 定義する、特質を挙げる
definiţie デフィニツィイェ	女 定義
degeaba デジェアバ	副 無料で、無報酬で；無駄に

deget デジェト	中 指（複 degete デジェテ）
degetul mare	親指
degetul arătător	人差し指
degetul mijlociu	中指
degetul inelar	薬指
degetul mic	小指
degusta デグスタ	動 味見をする、味わう
deja デジャ	副 既に、もう
dejun デジゥン	中 ランチ、昼食
micul *dejun*	朝食
delegație デレガツィイェ	女 代表団、使節団
delicat デリカト	形 デリケートな、上品な
delicios デリチォス	形 美味しい
demult デムルト	副 ずっと以前に、昔
dens デンス	形 濃い、密集した
densitate デンスィタテ	女 密度、比重、濃度
densitatea populației	人口密度
dentar デンタル	形 歯の（女 dentară デンタラー）
dentist デンティスト	男 歯医者、歯科医
deoarece デオアレチェ	接 …から、…ので、…であるから
deocamdată デオカムダター	副 当分、今のところ
deodată デオダター	副 突然、急に
deodorant デオドラント	中 防臭剤、デオドラント
deopotrivă デオポトゥリヴァー	副 同じく、同様に、等しく
deosebi デオセビ	動 区別する、見分ける
se deosebi	再 区別される、異なる
deosebire デオセビレ	女 区別、見分けること

departe デパルテ	副	遠く、遠くに
de *departe*		遠くから
depărtare デパルタレ	女	遠方
din *depărtare*		遠くから
depoziție デポズィツィイェ	女	証言
deranj デランジ	中	邪魔、迷惑、混乱
deranja デランジャ	動	邪魔する、迷惑をかける
des デス	形	茂った、濃い（女 deasă ディアサー）
descălța (se -) デスカルツァ (セ~)	再	靴を脱ぐ
deschide デスキデ	動	開ける、開始する
se deschide	再	開く、開かれる；開会される
deschis デスキス	形	開いた、公然の / 副 公然と、はっきり
descoperi デスコペリ	動	発見する、発く
descoperire デスコペリレ	女	発見；発くこと
descrie デスクリイェ	動	描写する、描く、叙述する
descriere デスクリイェレ	女	描写、叙述、記述
descuraja (se -) デスクラジャ (セ~)	再	落胆する、失望する、がっかりする
descurca デスクルカ	動	もつれを解く；解決する、解く
deseară デセアラー	副	今晩
desen デセン	中	デザイン、図、絵
deseori デセオリ	副	しばしば、度々、頻繁に
desert デセルト	中	デザート
desfășura デスファシゥラ	動	行う、展開する、繰り広げる
desigur デスィグル	副	確かに、もちろん
despacheta デスパケタ	動	包装を解く
despărți (se -) デスパルツィ (セ~)	再	離れる、別れる
despre デスプレ	前	…について、…に関して
destin デスティン	中	運命、運、宿命、天命

destinatar デスティナタル	男 受取人
destinație デスティナツィイェ	女 宛先；目的地；用途
destul デストゥル	形 十分な / 副 十分に、かなり、相当に
Avem *destul* timp.	(我々は) 十分な時間があります。
Destul!	もう沢山。
deşert デシェルト	中 砂漠
deşi デシ	接 …にもかかわらず、…なのに、でも
deştept デシテプト	形 賢い、聡明な、利口な
deşteptare デシテプタレ	女 目覚め、起きること
deşteptător デシテプタトル	形 目覚ましの
ceas *deşteptător*	目覚まし時計
detaliat デタリアト	形 詳しい、詳細な
detaliu デタリゥ	中 詳細、細部
detesta デテスタ	動 嫌悪する、嫌う、憎む
deunăzi デウナズィ	副 数日前、先日
devaloriza デヴァロリザ	動 価値を下げる
se devaloriza	再 価値が下がる
devalorizare デヴァロリザレ	女 価値切り下げ
deveni デヴェニ	動 …になる
devreme デヴレメ	副 朝早く、(時間的に) 早く
dezacord デザコルド	中 不一致、不調和
dezamăgit デザマジィト	形 失望した、幻滅した
dezavantaj デザヴァンタジ	中 不利、不利益
dezbrăca デズブラカ	動 (服を) 脱がせる
se dezbrăca	再 (服を) 脱ぐ
dezgust デズグスト	中 嫌気、嫌悪
dezgustător デズグスタトル	形 嫌な
dezinteres デズィンテレス	中 無関心

dezlega デズレガ	動	ほどく;解決する
se dezlega	再	解ける、解決される
dezordine デゾルディネ	女	無秩序、不規律、混乱
dezordonat デゾルドナト	形	無秩序な、乱雑な
dezvolta デズヴォルタ	動	発展させる
se dezvolta	再	発展する
dezvoltare デズヴォルタレ	女	発達、成長、発展
diagnostic ディアグノスティク	中	〈医〉診断
dialog ディアログ	中	対話
diaree ディアレイェ	女	下痢
dicționar ディクツィオナル	中	辞書、辞典
dietă ディイェター	女	食事療法、食事養生法、減食
prescrie o *dietă*		食事療法を勧める、減食を勧める
dietetic ディイェテティク	形	食事療法の
diferență ディフェレンツァー	女	相違、違い、差
diferenția ディフェレンツィア	動	識別する、差別する、区別する
se diferenția	再	区別される
diferit ディフェリト	形	違った、異なった;他の、別の
difuza ディフザ	動	放送する;普及させる、広める
se difuza	再	放送される;普及する、広まる
dimineață ディミネアツァー	女	朝、午前
dis-de-*dimineață*		朝早く、朝早くから
dimpotrivă ディムポトゥリヴァー	副	逆に
din ディン	前	…から
din loc în loc		あちこちに
din când în când		時々
dinainte ディナインテ	副	前もって、前から
dinapoi ディナポイ	副	後に、後から

dincoace ディンコアチェ	副 こちらに、こちらへ
dincolo ディンコロ	副 あちら側に、向こう側に
dinspre ディンスプレ	副 …の方から
dinte ディンテ	男 歯（複 dinți ディンツィ）
dintre ディントゥレ	前 …のうちで、…の間から
diplomă ディプロマー	女 賞状、免状
diplomă de absolvire	卒業証書
direct ディレクト	形 直接の / 副 直接に、率直に
import *direct*	直輸入
direcție ディレクツィイェ	女 方向、方面
dirija ディリジャ	動 指揮する、指導する
dirijor ディリジォル	男 指揮者
disciplinat ディスチプリナト	形 規律正しい
disciplină ディスチプリナー	女 規律；（学問の）分野、科目
discurs ディスクルス	中 演説
discuta ディスクタ	動 討論する、議論する
discuție ディスクツィイェ	女 討論、議論
displăcea ディスプラチェア	動 嫌いである、気に入らない
distanță ディスタンツァー	女 距離；間隔
distins ディスティンス	形 上品な
distra ディストゥラ	動 楽しませる
se distra	再 楽しむ
distracție ディストゥラクツィイェ	女 娯楽（複 distracții ディストゥラクツィィ）
distribui ディストゥリブイ	動 配給する、配達する
distruge ディストゥルジェ	動 破壊する、壊す；絶滅させる
se distruge	再 崩壊する、壊れる
divers ディヴェルス	形 様々の、色々の、種々の
divorț ディヴォルツ	中 離婚

divorța ディヴォルツァ	動 離婚する
doamnă ドアムナー	女 夫人、奥さん
doar ドアル	副 …だけ、ただ…のみ；単に
dobândă ドブンダー	女 利子、利息
dobândi ドブンディ	動 得る、取得する、獲得する
doctor ドクトル	男 医師；博士
doctoriță ドクトリツァー	女 女医
document ドクメント	女 書類、資料
doi ドイ	数 2、二つ
doilea (al -) ドイレア（アル 〜）	序数 第2の（女 a doua ア ドウア）
doisprezece ドイスプレゼチェ	数 12（女 douăsprezece ドウアスプレゼチェ）
dolar ドラル	男 ドル（複 dolari ドラリ）
domeniu ドメニゥ	中 分野
domeniu de activitate	活動分野
domn ドムヌ	男 紳士
domnișoară ドムニショアラー	女 お嬢さん
dori ドリ	動 欲する、望む
dormi ドルミ	動 眠る、寝る
dormitor ドルミトル	中 寝室
douăzeci ドウアゼチ	数 20
douăzecilea (al -) ドウアゼチレア（アル 〜）	序数 第20の（女 a douăzecea ア ドウアゼチェア）
dovleac ドゥレアク	男 かぼちゃ
drag ドゥラグ	形 いとしい、親愛なる
dragoste ドゥラゴステ	女 恋愛、愛
dramaturg ドゥラマトゥルグ	男 劇作家
drăguț ドゥラグツ	形 可愛い（女 drăguță ドゥラグツァー）

drept ドゥレプト	中 権利；法律
drept de proprietate	所有権
	形 真っ直ぐな、右(の)
	(女 dreaptă ドゥレアプター)
piciorul *drept*	右足
mâna *dreaptă*	右手
	副 真っ直ぐに、直線に
drum ドゥルム	中 道、道路
dublu ドゥブル	形 二重の、2倍の(女 dublă ドゥブラー)
duce ドゥチェ	動 持って行く、連れて行く
duce cu vorba	口先だけでごまかす
se duce	再 行く、出掛ける
dulap ドゥラプ	中 たんす
dulce ドゥルチェ	形 甘い (複 dulci ドゥルチ)
dulciuri ドゥルチウリ	中複 菓子
dulgher ドゥルゲル	男 大工
duminică ドゥミニカー	女 日曜日
dumneata ドゥムネアタ	代 (尊称)あなた
dumneavoastră ドゥムネアヴォアストゥラー	代 (尊称)あなた；あなた方
după ドゥパー	前 …の後に、後で
după aceea	その後
după-amiază ドゥパー アミアザー	副 午後に
dur ドゥル	形 堅い、苛酷な、厳しい
durată ドゥラター	女 期間
durea ドゥレア	動 痛む
durere ドゥレレ	女 痛み、苦しみ
durere de cap	頭痛

dus ドゥス	中 行き、往路
dus- întors	往復
duș ドゥシ	中 シャワー
dușumea ドゥシュメア	女 床、床板

E

ea イェア	代 (人称) 彼女
echilibru エキリブル	中 均衡、釣合
echinocțiu エキノクツィウ	中 春分、秋分
echipaj エキパジ	中 乗組員、搭乗員、船員、クルー
echipă エキパー	女 チーム、組、班
echipă de fotbal	サッカーチーム
echitabil エキタビル	形 公平な、公正な
echivala エキヴァラ	動 匹敵する、…に相当する
ecologie エコロジィイェ	女 生態学、エコロジー
economic エコノミク	形 経済上の、経済的な
economie エコノミイェ	女 経済；節約、倹約
economisi エコノミスィ	動 節約する、倹約する
ecou エコウ	中 こだま、反響
ecuator エクアトル	中 赤道
ecuatorial エクアトリアル	形 赤道の
editor エディトル	男 編集者
educa エドゥカ	動 教育する、しつける
educativ エドゥカティヴ	形 教育の、教育的な
educație エドゥカツィイェ	女 教育、しつけ
educație fizică	体育
efect エフェクト	中 効果、効力
efectua エフェクトゥア	動 実行する、行う、実施する

eficace エフィカチェ	形 有効な
mijiloc *eficace*	有効な手段
eficacitate エフィカチタテ	女 有効性、効力
eficient エフィチイェント	形 有効な、効力のある
efort エフォルト	中 努力、骨折り
egal エガル	形 等しい、平等の、同等の
egalitate エガリタテ	女 平等、同等
ei イェイ	代 (人称) 彼ら
el イェル	代 (人称) 彼
ele イェレ	代 (人称) 彼女ら
electoral エレクトラル	形 選挙の
electric エレクトゥリク	形 電気の
centrală *electrică*	発電所
electrician エレクトゥリチアン	男 電気工事士
electricitate エレクトゥリチタテ	女 電気、電力
electronic エレクトゥロニク	形 電子の
elefant エレファント	男 象
elegant エレガント	形 優雅な、上品な、エレガントな
element エレメント	中 要素、元素
elementar エレメンタル	形 初歩の、初等の；元素の
elev エレヴ	男 生徒 (女 elevă エレヴァー)
elibera エリベラ	動 解放する、釈放する；交付する
eliberare エリベラレ	女 解放、釈放；交付
emigra エミグラ	動 移住する
eminent エミネント	形 優れた、優秀な、抜群の
elev *eminent*	優等生
emisiune エミスィウネ	女 放送
emisiune radiofonică	ラジオ放送

emite エミテ	動 発行する
emoție エモツィイェ	女 情緒、感動、感激
emoționa エモツィオナ	動 感動させる、感激させる
se emoționa	再 感動する、感激する
emoționant エモツィオナント	形 感動的な
emoționat エモツィオナト	形 感動した、感激した
energie エネルジィイェ	女 エネルギー
englez エングレズ	男 イギリス人
	(女 englezoaică エングレゾァイカー)
englezesc エングレゼスク	形 英国風の、英国式の
	(女 englezească エングレゼァスカー)
englezește エングレゼシテ	副 英語で、英国風に
enorm エノルム	形 巨大な、莫大な、膨大な
entuziasm エントゥズィアスム	中 感激、熱狂
entuziasma (se -) エントゥズィアスマ(セ～)	再 感激する、熱狂する
enumera エヌメラ	動 数え上げる、列挙する
enunța エヌンツァ	動 述べる、叙述する
epicentru エピチェントゥル	中 震源地
epocă エポカー	女 時代
eră エラー	女 紀元、時代
eroare エロァレ	女 誤り、過ち；錯誤、思い違い
eroare de calcul	誤算
erou エロゥ	男 英雄、勇士、主人公
	(女 eroină エロイナー)
escală エスカラー	女 寄港
esențial エセンツィアル	形 本質的な
est エスト	中 東
în partea de *est*	東側に、東部に

estic エスティク	形 東の、東方の
eşantion エシャンティオン	中 見本、サンプル
etaj エタジ	中 階
etajeră エタジェラー	女 棚
etajeră de cărți	本棚
etapă エタパー	女 段階、局面、行程
prima *etapă*	第一段階
eu イェウ	代 (人称) 私
euro エウロ	男 ユーロ (EU諸国の通貨)
Europa エウロパ	名 ヨーロッパ
european エウロペアン	形 ヨーロッパの / 男 ヨーロッパ人
Uniunea *Europeană* (UE)	ヨーロッパ連合 (略 EU)
evalua エヴァルア	動 見積もる、評価する
evaluare エヴァルアレ	女 見積もり、評価
evantai エヴァンタイ	中 扇子、うちわ
eveniment エヴェニメント	中 行事、出来事
evita エヴィタ	動 避ける、回避する
evolua エヴォルア	動 進化する、進歩する
evoluție エヴォルツィイェ	女 進化;発展、発達
exact エクサクト	形 正確な / 副 正確に、丁度
exactitate エクサクティタテ	女 正確さ、精密さ
examen エクサメン	中 試験
da *examen*	試験を受ける
examen de admitere	入学試験
excepție エクスチェプツィイェ	女 例外、除外
excursie エクスクルスィイェ	女 旅行、遠足
excursie pe jos	ハイキング
executa エクセクタ	動 執行する、実行する;演奏する

exemplar エクセムプラル	中	見本
exemplu エクセムプル	中	例、手本；模範
de *exemplu*		たとえば
exercițiu エクセルチツィゥ	中	練習、訓練、鍛錬
exersa エクセルサ	動	訓練する、練習する
exista エクスィスタ	動	ある、存在する、生存する
expedia エクスペディア	動	発送する
expediere エクスペディイェレ	女	発送
expeditor エクスペディトル	男	発送人
experiență エクスペリイェンツァー	女	経験、体験
experiment エクスペリメント	中	実験
explica エクスプリカ	動	説明する、解説する
explicație エクスプリカツィイェ	女	説明
export エクスポルト	中	輸出
exportator エクスポルタトル	男	輸出業者
expoziție エクスポズィツィイェ	女	展覧会、博覧会
expoziție de pictură		絵画展
expres エクスプレス	形	急行の、速達の
exprima エクスプリマ	動	表現する
exterior エクステリオル	形	外部の（女 exterioară エクステリオァラー）
în *exterior*		外に
extern エクステルン	形	外の、外部の
afaceri *externe*		外務
externa (se ~) エクステルナ (セ～)	再	退院する
extinde エクスティンデ	動	広げる、延長する、延ばす
se extinde	再	広がる、拡大する
extraordinar エクストゥラオルディナル	副	非常に、格別に

extrem (de ...) エクストゥレム (デ)	副 極めて…	
extrem de greu	極めて難しい	
ezita エズィタ	動 躊躇する	

F

fabrica ファブリカ	動 製造する、製作する
fabrică ファブリカー	女 工場
face ファチェ	動 する、作る
Nu *face* nimic!	構いません。/ 何でもありません。
Nu am [N-am] ce *face*.	（私には）どうしようもない。
facultate ファクルタテ	女 学部
faimă ファイマー	女 評判、高名、名声
fals ファルス	形 偽の
falsificat ファルスィフィカト	形 偽造した
familiar ファミリアル	形 親しい
familie ファミリイェ	女 家族、家庭
fapt ファプト	中 行為、仕業
de *fapt*	実際のところ、事実上
fard ファルド	中 化粧品（複 farduri ファルドゥリ）
farda (se -) ファルダ（セ 〜）	再 化粧する、メーキャップする
fardare ファルダレ	女 化粧すること、メーキャップすること
farfurie ファルフリイェ	女 皿
farfurioară ファルフリオアラー	女 小皿
farmacie ファルマチイェ	女 薬店、薬局
fasole ファソレ	女 いんげん豆
fasole verde	さやいんげん
fată ファター	女 女の子、少女（複 fete フェテ）
fațadă ファツァダー	女 正面、前

față ファツァー	女 顔
în *față*	前に / 前へ
favoare ファヴォアレ	女 有利、優待
favorabil ファヴォラビル	形 有利な、都合のいい
favoriza ファヴォリザ	動 有利にする
făină ファイナー	中 小麦粉
făinoase ファイノアセ	女 粉製品
paste *făinoase*	麺類
făraș ファラシ	中 ちり取り
fără ファラー	前 …なしに、…のない
fără de veste	いきなり、出し抜けに
fără doar și poate	疑いもなく
febră フェブラー	女 熱
februarie フェブルアリイェ	男 2月
federație フェデラツィイェ	女 連邦、連盟
fel フェル	中 種類
felicita フェリチタ	動 祝福する
Felicitări!	おめでとうございます！
felie フェリィエ	女 一切れ
femeie フェメイェ	女 女性
femelă フェメラー	女 雌
fereastră フェレアストゥラー	女 窓
feri フェリ	動 守る、防ぐ、庇 (かば) う
se feri	再 保護する；自衛する
fericire フェリチレ	女 幸せ、幸福
ferm フェルム	形 断固たる、強固な、堅実な
hotărâre *fermă*	強固な決心
caracter *ferm*	堅実な人

048

fermă フェルマー	女 農場、農園
fetiță フェティツァー	女 少女、女の子
fi フィ	動 …である、…いる
ficat フィカト	男 肝臓
ficat de pui	チキンレバー
fidea フィデア	女 細い麺
fiecare フィイェカレ	代 (不定) 誰でも、それぞれ
fier フィエル	中 鉄
fierbe フィエルベ	動 ゆでる、煮る、沸かす
fierbinte フィエルビンテ	形 熱い、沸いた、煮え立った
apă *fierbinte*	熱湯
fiică フィイカー	女 娘 (複 fiice フィイチェ)
fiindcă フィインドゥカー	接 何故なら…、…であるから
ființă フィインツァー	女 生き物；生命、人物
filială フィリアラー	女 支部、支局、支店
film フィルム	中 映画、フィルム
fin フィン	形 純粋な、純度の高い；精細な
	男 (名付け親から見た) 名付け子
final フィナル	形 最終的な、最後の / 中 最後
finanțe フィナンツェ	女複 財政、金融、財務
Finlanda フィンランダ	名 フィンランド
finlandez フィンランデズ	男 フィンランド人
	(女 finlandeză フィンランデザー)
	形 フィンランドの
fior フィオル	男 震え、悪寒、おののき
fir フィル	中 糸；繊維
fir electric	電線
firesc フィレスク	形 当然の；自然の

firește フィレシテ	副 もちろん、当然、言うまでもなく
firmă フィルマー	女 会社
fiu フィウ	男 息子
fixa フィクサ	動 固定する
se fixa	再 固定される
flacără フラカラー	女 炎（複 flăcări フラカリ）
arde cu *flăcări*	炎をたてて燃える
flanelă フラネラー	女 セーター
floare フロアレ	女 花（複 flori フロリ）
buchet de *flori*	花束
floarea soarelui	ひまわり
florăreasă フロラレアサー	女 花売り娘
florărie フロラリィエ	女 花屋
fluture フルトゥレ	男 蝶
fluviu フルヴィウ	中 河、大河（複 fluvii フルヴィィ）
foaie フォアイェ	女 紙一枚；ページ
foame フォアメ	女 空腹、飢餓
a-i fi *foame*	空腹である
Mi-e foame.	（私は）お腹がすいた。
foarfecă フォアルフェカー	女 はさみ（複 foarfeci フォアルフェチ）
foarte フォアルテ	副 大変、非常に、とても
foc フォク	中 火（複 focuri フォクリ）
aprinde *focul*	火をつける
stinge *focul*	火を消す
focar フォカル	中 焦点；中心
folclor フォルクロル	中 フォークロア、民俗学
folosi フォロスィ	動 用いる、使う、利用する
se folosi	再 用いられる

folosire フォロスィレ	女 使用、利用、活用
folosire în comun	共同使用
folositor フォロスィトル	形 役に立つ、有益な、有用な
fontă フォンター	女 鋳鉄
forma フォルマ	動 形作る、形成する
se forma	再 形成される
formal フォルマル	形 正式の、形式的な
formalitate フォルマリタテ	女 手続き、形式
formare フォルマレ	女 形成、設立、構成、創立
formă フォルマー	女 形、形成、外形
forța フォルツァ	動 強制する、無理に…させる
forță フォルツァー	女 勢い、力；強制
fotbal フォトゥバル	中 サッカー、フットボール
fotograf フォトグラフ	男 写真家、カメラマン
fotografia フォトグラフィア	動 写真を撮る、撮影する
fotografie フォトグラフィエ	女 写真
fragil フラジィル	形 割れ易い；もろい
fragment フラグメント	中 断片、かけら
francez フランチェズ	男 フランス人
	(女 frantuzoaică フランツォァィカー)
Franța フランツァ	名 フランス
frantuzesc フランツゼスク	形 フランス風の、フランス式の
	(女 frantuzească フランツゼァスカー)
frantuzeşte フランツゼシテ	副 フランス語で
franzelă フランゼラー	女 フランスパン
frate フラテ	男 兄弟 (複 frați フラツィ)
frământa フラムンタ	動 ねる、こねる
se frământa	再 苦しむ、悩む

frâna フルナ	動 ブレーキを掛ける、(感情を) 抑制する
frână フルナー	女 ブレーキ
frecvent フレクヴェント	形 度々の、頻繁な / 副 度々、頻繁に
frecventa フレクヴェンタ	動 (場所に) よく通う、出入りする
frică フリカー	女 恐れ、恐怖
fricos フリコス	形 臆病な、気の小さい、卑怯な
frig フリグ	中 寒さ
fi *frig*	寒い
E *frig*.	寒いです。
frigare フリガレ	女 焼き串、串
frige la *frigare*	串に刺して焼く
frigărui フリガルィ	女複 串焼きの肉
frige フリジェ	動 焼く
frigider フリジィデル	中 冷蔵庫
fript フリプト	形 焼けた
friptură フリプトゥラー	女 ステーキ、焼き肉
frizer フリゼル	男 理髪師
frizerie フリゼリィエ	女 理髪店、床屋
frontieră フロンティイェラー	女 国境、境界
fructe フルクテ	中複 果物 (単 fruct フルクト)
frumos フルモス	形 美しい (女 frumoasă フルモァサー)
frunte フルンテ	女 額、おでこ
frunză フルンザー	女 葉 (複 frunze フルンゼ)
fugi フジィ	動 逃げる、走る;脱走する
fular フラル	中 マフラー
fulger フルジェル	中 稲妻、稲光
fulgera フルジェラ	動 稲光がする
fum フム	中 煙

fuma フマ	動 タバコを吸う
fumuriu フムリゥ	形 灰色の
funcție フンクツィイェ	女 機能；職務
funcție publică	公務
funcționa フンクツィオナ	動 機能する；任務を尽くす
funcționar フンクツィオナル	男 官吏、役人；職員
funcționar public	公務員
fundament フンダメント	中 基盤、土台、根本
fundamental フンダメンタル	形 基本的な、基礎的な；根本的な
furculiță フルクリツァー	女 フォーク
furniza フルニザ	動 供給する、納品する
fursecuri フルセクリ	中複 クッキー（単 fursec フルセク）
furtun フルトゥン	中 ホース
furtună フルトゥナー	女 嵐、暴風雨
fus フス	中 紡錘、軸
fus orar	時差
fustă フスター	女 スカート

G

galben ガルベン	形 黄色い；顔色の青い、青ざめた
gambă ガムバー	女 脚
garaj ガラジ	中 ガレージ、車庫
garanta ガランタ	動 保証する、担保に入れる
garantat ガランタト	形 保証つきの
garanție ガランツィイェ	女 保証
gară ガラー	女 駅
garderobă ガルデロバー	女 更衣室、クロークルーム
garsonieră ガルソニイェラー	女 ワンルームマンション

gata ガタ	形 用意ができた、終わった、仕上がった
a da *gata*	やっつける、使い切る
fi *gata*	用意ができている
îmbrăcăminte de-a *gata*	既製服
gaz ガズ	中 ガス（複 gaze ガゼ）
gaze naturale	天然ガス
găină ガイナー	女 雌鶏
gălăgie ガラジィイェ	女 騒音、騒ぎ
gălăgios ガラジィオス	形 騒々しい、うるさい
găsi ガスィ	動 見つける
se găsi	再 ある、居る；見つかる
găti ガティ	動 料理する
găzdui ガズドゥイ	動 泊める
gândi グンディ	動 考える、思う
gândire グンディレ	女 思い、思想、思考
gânditor グンディトル	男 思想家
gâscan グスカン	男 ガチョウ（女 gâscă グスカー）
gât グト	中 首、喉
gâtlej グトゥレジ	中 咽喉
gâze グゼ	女 複 虫（単 gâză グザー）
geam ジェアム	中 窓ガラス；窓
geamantan ジェアマンタン	中 トランク、スーツケース
geantă ジェアンター	女 ハンドバッグ（複 genți ジェンツィ）
gelos ジェロス	形 嫉妬深い、妬み心の強い
gelozie ジェロズィイェ	女 嫉妬、妬み、焼きもち
gem ジェム	中 ジャム、ママレード
general ジェネラル	男 将軍
	形 一般的な

în *general*	一般に、概して
generație ジェネラツィイェ	女 世代
din *generație* în *generație*	代々、親から子へ
genunchi ジェヌンキ	男 膝
ger ジェル	中 厳寒、酷寒
Germania ジェルマニア	名 ドイツ
gheată ゲアター	女 ブーツ、長靴（複 ghete ゲテ）
gheață ゲアツァー	女 氷
ghid ギド	男 道案内、ガイド（複 ghizi ギズィ）
	中 案内書、ガイドブック（複 ghiduri ギドゥリ）
ghida ギダ	動 案内する、導く、誘導する
ghimbir ギムビル	男 生姜
ghindă ギンダー	女 どんぐり
ghiozdan ギオズダン	中 ランドセル
ghișeu ギシェウ	中 窓口、受付口
ghitară ギタラー	女 ギター
gimnast ジムナスト	男 体操選手（女 gimnastă ジムナスター）
gimnastică ジムナスティカー	女 体操
gimnazial ジムナズィアル	形 中学の
gimnaziu ジムナズィウ	中 中学校
ginere ジィネレ	男 婿
girafă ジィラファー	女 キリン
glas グラス	中 声
glumă グルマー	女 冗談
glumeț グルメツ	形 冗談好きの
gogoși ゴゴシ	女 複 ドーナッツ（単 gogoașă ゴゴアシャー）
gol ゴル	形 裸の、空の（女 goală ゴアラー）
	中 〈スポーツ〉ゴール

gospodină ゴスポディナー	女 主婦
grabă グラバー	女 急ぎ
grad グラド	中 度、位、程度
3 *grade* sub zero / minus 3 *grade*	氷点下3度
grafic グラフィク	中 図、図表 / 形 図の、図表の
gram グラム	中 グラム (複 grame グラメ)
graniță グラニツァー	女 国境、境；限度
grape fruit グレプ フルト	中 グレープフルーツ
gras グラス	形 太った (女 grasă グラサー)
gratuit グラトゥイト	副 無料で / 形 無料の
grav グラヴ	形 深刻な、重大な
gravidă グラヴィダー	女 妊婦
graviditate グラヴィディタテ	女 妊娠
grăbi グラビ	動 急がせる、急ぐ
se grăbi	再 急ぐ
grădinar グラディナル	男 植木屋、庭師
grădină グラディナー	女 庭、庭園
grăsime グラスィメ	女 脂肪、脂身
grâu グルゥ	中 小麦 (複 grâne グルネ)
greșeală グレシェアラー	女 過ち、間違い、失敗
greși グレシ	動 間違う、過ちを犯す、失敗する
greu グレウ	形 難しい、重い (女 grea グレァ)
problemă *grea*	難しい問題
greutate グレウタテ	女 重さ；重量
grevă グレヴァー	女 ストライキ
gri グリ	形 灰色の、グレーの
grijă グリジャー	女 心配、用心；世話
avea *grijă*	世話をする

gripă グリパー	女 インフルエンザ
gros グロス	形 厚い、太い（女 groasă グロアサー）
grosolan グロソラン	形 下品な、無礼な、粗野な
grotă グロター	女 洞窟
grup グルプ	中 グループ、集まり、団体
guler グレル	中 衿
gumă de şters グマー デ シテルス	女 消しゴム
gunoi グノィ	中 ごみ、屑
gură グラー	女 口
gust グスト	中 味、趣味
gusta グスタ	動 味をみる、味わう
gustare グスタレ	女 軽食、オードブル
gustos グストス	形 美味しい（女 gustoasă グストアサー）
gutuie グトゥイェ	女 カリン（複 gutui グトゥイ）
guturai グトゥライ	中 鼻風邪
guvern グヴェルン	中 政府；内閣
guvernământ グヴェルナマント	中 政権、政府、内閣
partid de *guvernământ*	与党

H

hai ハイ	間 さあ、さあ行こう
haină ハイナー	女 服、上着
halat ハラト	中 浴衣；ガウン
han ハン	中 旅館、宿屋
harnic ハルニク	形 勤勉な
hartă ハルター	女 地図
hartă rutieră	道路地図

haz ハズ	中 ユーモア、冗談、娯楽
face *haz*	冗談を言って楽しむ
hârtie フルティイェ	女 紙
hârtie igienică	トイレットペーパー
hemoragie ヘモラジィイェ	女 出血
hidrogen ヒドゥロジェン	中 水素
hol ホル	中 ホール、広間
hotar ホタル	中 国境、境
hotărâtor ホタルトル	形 決定的な
hotărî ホタル	動 決める
hotel ホテル	中 ホテル
hrană フラナー	女 食べ物、食料、栄養物
hrăni フラニ	動 養う

I

iaht イァフト	中 ヨット
ianuarie イァヌアリイェ	男 1月
iar イァル	副 また、再び
iarbă イァルバー	女 草、芝生
iarnă イァルナー	女 冬（複 ierni イェルニ）
iată イァター	間 ほら、そこにある / いる
iaurt イァウルト	中 ヨーグルト
iaz イァズ	中 池（複 iazuri イァズリ）
icre イクレ	女 複 イクラ、魚の卵
ideal イデアル	中 理想
	形 理想的な（女 ideală イデアラー）
idee イデイェ	女 考え、アイデア
identic イデンティク	形 同一の、一致した

identitate イデンティタテ	女 身元
carte de *identitate*	ID カード、身分証明書
ie イエ	女 （ルーマニア民族衣装の）ブラウス (複 ii イィ)
ieftin イェフティン	形 安い / 副 安く
ieftini イェフティニ	動 安くする
se ieftini	再 安くなる
iepure イェプレ	男 兎
ieri イェリ	副 昨日
ierta イェルタ	動 許す、勘弁する
ieşi イェシ	動 出る
ieşire イェシレ	女 出口
igienă イジィイェナー	女 衛生、衛生学
igienic イジィイェニク	形 衛生の、衛生的な
ignora イグノラ	動 無視する、知らないふりをする
ignorant イグノラント	形 無知な、無学な / 男 無知 [無学] な人
ignoranţă イグノランツァー	女 無知、無学
ilegal イレガル	形 非合法の
ilumina イルミナ	動 照明を当てる、照らす、明るくする
imagine イマジィネ	女 映像
imediat イメディアト	副 すぐに、直ちに
imens イメンス	形 広大な、無限の / 副 無限に
imigra イミグラ	動 移住する
imita イミタ	動 真似る、見習う
imitare イミタレ	女 真似
imitaţie イミタツィイェ	女 偽物、偽造、贋作
imoral イモラル	形 不道徳な、不倫の
imperial イムペリアル	形 帝国の、皇帝の

impermeabil イムペルメアビル	中	レインコート
import イムポルト	中	輸入
importa イムポルタ	動	輸入する
important イムポルタント	形	重要な、重大な、大事な
importanță イムポルタンツァー	女	重要性
importator イムポルタトル	男	輸入業者
imposibil イムポスィビル	形	不可能な
impozit イムポズィット	中	税金
impresie イムプレスィイェ	女	印象、感じ；感銘
avea *impresia* că ...		…という印象を持つ
impresiona イムプレスィオナ	動	感動させる、感銘を与える
impresionant イムプレスィオナント	形	印象的な、印象深い
impresionat イムプレスィオナト	形	感動した
fi *impresionat*		感動する
imprima イムプリマ	動	印刷する、刻印する
se imprima	再	印刷される、刻印される
impur イムプル	形	不純な
imun イムン	形	免疫性の、免疫の
inadecvat イナデクヴァト	形	不適切な
incendia インチェンディア	動	放火する、焼き払う
include インクルデ	動	含む、取り入れる
inclusiv インクルスィヴ	副	…を含めて、…を取り入れて
incolor インコロル	形	無色の
incorect インコレクト	形	不正確な、間違った
indicator インディカトル	中	表示器、指針、矢印、標識
indicator rutier		道路標識
indicație インディカツィイェ	女	表示、指示
indigna (se -) インディグナ (セ 〜)	再	憤慨する

indignare インディグナレ	女 憤慨
indirect インディレクト	形 間接の、遠回しの / 副 間接的に
individual インディヴィドゥアル	形 個人の、個人的な / 副 個人的に
industrial インドゥストゥリアル	形 工業の、産業の
industrie インドゥストゥリイェ	女 工業、産業
inegal イネガル	形 不平等な
inegalitate イネガリタテ	女 不平等
inel イネル	中 指輪
inferior インフェリオル	形 下の、劣等な、下級の
inflama (se -) インフラマ (セ〜)	再 炎症をおこす
inflamabil インフラマビル	形 可燃性の、引火し易い
inflație インフラツィイェ	女 インフレーション
influență インフルイェンツァー	女 影響、影響力
informa インフォルマ	動 報告する、報道する
informații インフォルマツィイ	女複 情報
	(単 informație インフォルマツィイェ)
birou de *informații*	案内所
inginer インジネル	男 技師
inimă イニマー	女 心、心臓；胸
a-și deschide *inima*	心を打ち明ける
inițial イニツィアル	形 最初の、元の
injecție インジェクツィイェ	女 注射
inocent イノチェント	形 無邪気な
inovație イノヴァツィイェ	女 革新、改新、改革
inox イノクス	中 ステンレス
inoxidabil イノクスィダビル	形 酸化しない
oțel *inoxidabil*	ステンレススチール
ins インス	男 個人、人物

insecte インセクテ	女複 虫、昆虫
insista インスィスタ	動 固執する、力説する、強く主張する
insistent インスィステント	形 しつこい、粘り強い
insistență インスィステンツァー	女 力説、固執、押しつけがましさ
instala インスタラ	動 設定する、取りつける
instalator インスタラトル	男 取付け業者、設備業者
instalație インスタラツィイェ	女 設備、装置
instinct インスティンクト	中 本能
instrument インストゥルメント	中 器具、道具
instrument muzical	楽器
insuficient インスフィチイェント	形 不十分な
insulară インスララー	形 島の
insulă インスラー	女 島
integral インテグラル	形 完全な；全体の
inteligent インテリジェント	形 聡明な、知性のある、賢い
	(女 inteligentă インテリジェンター)
intenție インテンツィイェ	女 意図、積り
intenționa インテンツィオナ	動 意図する、…する積りである
interes インテレス	中 興味、関心
interesa インテレサ	動 興味を起こさせる、関心を引く
se interesa	再 興味を持つ、関心を寄せる
interesant インテレサント	形 面白い
interior インテリオル	中 内部、内側 / 形 内部の、内側の
	(女 interioară インテリオァラー)
intern インテルン	形 国内の、内部の、内の；内科の
interna インテルナ	動 入院させる
se interna	再 入院する
internare インテルナレ	女 入院

internațional インテルナツィオナル	形	国際的な、国際間の
interpret インテルプレト	男	通訳；演奏家、演技者
interpreta インテルプレタ	動	演奏する
intersecta インテルセクタ	動	交差する、交わる、横切る
intersecție インテルセクツィイェ	女	交差点
interurban インテルウルバン	形	都市間の
telefon *interurban*		市外電話
interval インテルヴァル	中	間、期間、区間
interveni インテルヴェニ	動	介入する、干渉する
interzice インテルズィチェ	動	禁止する
intim インティム	形	親密な、親しい、緊密な
intimida インティミダ	動	脅かす、怯やかす
se intimida	再	おびえる、びくびくする
intitula インティトゥラ	動	表題をつける
intra イントゥラ	動	入る
intra la universitate		大学に入学する
intra în vorbă cu ...		…に話しかける
intrare イントゥラレ	女	入口、玄関
introducere イントゥロドゥチェレ	女	導入、紹介；入門
intui イントゥイ	動	直観する、予感する
intuiție イントゥイツィイェ	女	直観、予感、勘
inundație イヌンダツィイェ	女	洪水、氾濫、浸水
inutil イヌティル	形	無用な、役に立たない
invers インヴェルス	形	反対の；逆の
inversa インヴェルサ	動	逆にする、逆さまにする
investi インヴェスティ	動	投資する
investiție インヴェスティツィイェ	女	投資（資本）
invita インヴィタ	動	招待する、招く

invitație インヴィタツィイェ	女 招待、招待状
iresponsabil イレスポンサビル	形 無責任な
ironic イロニク	形 皮肉な、風刺的な
ironie イロニイェ	女 皮肉、いやみ
ironiza イロニザ	動 皮肉を言う
isteț イステツ	形 利口な、頭のいい；抜け目のない
istoric イストリク	男 歴史家 / 形 歴史的な
istorie イストリイェ	女 歴史
Italia イタリア	名 イタリア
italian イタリアン	男 イタリア人（女 italiancă イタリアンカー）
italienesc イタリイェネスク	形 イタリア風の（女 italienească イタリイェネァスカー）
italienește イタリイェネシテ	副 イタリア風に、イタリア語で
itinerar イティネラル	中 道筋、経路
iubi イウビ	動 愛する、好きである
iubire イウビレ	女 愛情、恋愛
iubit イウビト	男 恋人
iulie イウリイェ	男 7月
iunie イウニイェ	男 6月
iute イウテ	形 早い；からい
izgoni イズゴニ	動 追い出す
izola イゾラ	動 孤立させる、隔離する
se izola	再 孤立する
izvor イズヴォル	中 源泉、泉、源

Î

îi ウイ	代 （人称）彼に、彼女に、それに（el, ea の与格、弱形）

(Eu) *Îi* dau bună ziua.	(私は) 彼 [彼女] にこんにちはを言う。
îi ウィ	代 (人称) 彼らを、それらを (ei の対格、弱形)
(Tu) *Îi* cunoşti?	(あなたは) 彼らを知っていますか?
îl ウル	代 (人称) 彼を、それを (el の対格、弱形)
Îl văd zilnic.	(私は) 彼を毎日見かけます。
îmbarcare ウムバルカレ	女 搭乗
îmbătrâni ウムバトゥルニ	動 年を取る、老人になる
îmbina ウムビナ	動 結びつける、結合させる
se îmbina	再 結びつく、結合する
îmbogăţi ウムボガツィ	動 金持ちにする、豊かにする
se îmbogăţi	再 金持ちになる、豊かになる
îmbolnăvi (se -) ウムボルナヴィ(セ～)	再 病気になる
îmbrăca ウムブラカ	動 着せる
se îmbrăca	再 着る、履く
îmbrăcăminte ウムブラカミンテ	女 衣類、着物
îmbunătăţi ウムブナタツィ	動 改善する
se îmbunătăţi	再 改善される、よくなる
îmi ウミ	代 (人称) 私に (eu の与格、弱形)
(Tu) *Îmi* împrumuţi cartea?	私に本を貸してくれませんか?
împacheta ウムパケタ	動 包む、梱包する
împărţi ウムパルツィ	動 分ける、分割する
se împărţi	再 別れる、分割される
împărţit ウムパルツィット	形 分けられた、分割された
împături ウムパトゥリ	動 折りたたむ
împiedica ウムピェディカ	動 邪魔する、妨害する
se împiedica	再 つまづく

împinge ウムピンジェ	動	押す、押してやる
Împingeți ușa, vă rog!		ドアを押してください！
împlini ウムプリニ	動	果たす、完成する；満…歳になる
împodobi ウムポドビ	動	飾る、装飾する
împotriva ウムポトゥリヴァ	前	（+属格）…に反対して、…に対して
împotriva regulilor		規則に反して
împotrivi (se -) ウムポトゥリヴィ(セ~)	動	反対する、逆らう
împotrivire ウムポトゥリヴィレ	女	反対、反抗
împrejur ウムプレジュル	副	周りに、周囲に
împrejurare ウムプレジュラレ	女	境遇、状況
împrejurime ウムプレジュリメ	女	近郊、付近
împreună ウムプレウナー	副	一緒に、揃って、共に
împrieteni (se -) ウムプリィエテニ(セ~)	再	友達になる
împrumut ウムプルムト	中	借用、借り、貸し
da cu împrumut		お金を貸す
lua cu împrumut		借りる、借用する
împrumuta ウムプルムタ	動	借りる
împrumutat ウムプルムタト	形	借りた、借用した、貸し出した
împuternici ウムプテルニチ	動	委任する、権限を委ねる
împuțina ウムプツィナ	動	減らす、少なくする
se împuțina	再	少なくなる、減少する
împuținare ウムプツィナレ	女	減少、減ること
împuținat ウムプツィナト	形	減少した
în ウン	前	…の中に、…中で、…の中へ、…に
Suntem în clasă.		（私達は）教室にいます。
înadins ウナディンス	副	わざと、わざわざ、故意に
înainta ウナインタ	動	前進する、進歩する

înainte ウナインテ	副 前に、前方に；かつて、昔
de azi *înainte*	今日から先
înalt ウナルト	形 (背が) 高い (女 înaltă ウナルター)
înapoi ウナポイ	副 後ろに；後ろへ
înapoia ウナポイア	動 返す、返却する
se înapoia	再 帰る、戻る
înăbușeală ウナブシェァラー	女 暑苦しさ、息苦しさ
înăbuși ウナブシ	動 蒸す
înăbușitor ウナブシトル	形 息苦しい；蒸し暑い
înălțime ウナルツィメ	女 高さ、身長
înăuntru ウナウントゥル	副 中に、中で、中へ
încă ウンカー	副 更に、まだ、もう
încă o dată	もう一度
încălța (se -) ウンカルツァ (セ～)	再 履く
încălțăminte ウンカルツァミンテ	女 履物
încălțător ウンカルツァトル	中 靴べら
încălzi ウンカルズィ	動 暖かくする、温める
se încălzi	再 温まる
încălzire ウンカルズィレ	女 温めること、暖房
încărca ウンカルカ	動 積む、積み込む、積載する
încânta ウンクンタ	動 魅惑する、うっとりさせる
încântat ウンクンタト	形 嬉しい、喜んだ
începător ウンチェパトル	男 初心者、新人
începe ウンチェペ	動 始める、開始する
se începe	再 始まる
începere ウンチェペレ	女 開始
început ウンチェプト	中 初め、最初、発端
încerca ウンチェルカ	動 試す、試みる

încet ウンチェト	形	ゆっくりした、声の低い
	副	ゆっくり、低い声で
înceta ウンチェタ	動	終わる、絶える、止む
încetare ウンチェタレ	女	中止、休止、停止
încetini ウンチェティニ	動	徐行する、速度を緩める
încheia ウンケイア	動	締める、締結する
se încheia	再	終わる、締結される
încheiat ウンケイアト	形	締結された、結んだ
încheiere ウンケイェレ	女	終了、終結
ceremonie de *încheiere*		閉会式
încheietură ウンケイェトゥラー	女	関節（複 încheieturi ウンケイェトゥリ）
închide ウンキデ	動	閉める、閉じる；閉鎖する
se închide	再	閉まる
închidere ウンキデレ	女	締めること；閉鎖、閉店、封鎖
închiria ウンキリア	動	貸す、賃貸する；借りる
se închiria	再	借りられる
înclina ウンクリナ	動	傾ける、斜めにする
se înclina	再	傾く、斜めになる
înclinat ウンクリナト	形	斜めの、傾いた
încoace ウンコアチェ	副	こちらへ
de câțiva ani *încoace*		数年前から
încolo ウンコロ	副	向こうへ、あちらへ
înconjura ウンコンジュラ	動	取り囲む、囲む、一周する
înconjurat ウンコンジュラト	形	囲まれた
înconjurător ウンコンジュラトル	形	周囲の、周りの
mediu *înconjurător*		環境
încontinuu ウンコンティヌゥ	副	絶えずに、不断に

încotro ウンコトゥロ	副 どちらへ、どちらに
nu avea *încotro*	どうしようもない
încovoia ウンコヴォイア	動 曲げる、屈する
se încovoia	再 曲がる、屈む
încrede (se -) ウンクレデ（セ ～）	再 信用する、信頼する
încredere ウンクレデレ	女 信頼、信用
vot de *încredere*	信任投票
încredinţa ウンクレディンツァ	動 委ねる、任せる
încuia ウンクイア	動 鍵を掛ける、閉じる、閉める
se încuia	再 閉じこもる
încuraja ウンクラジャ	動 勇気づける、奨励する
încurajare ウンクラジャレ	女 奨励、激励
încurca ウンクルカ	動 もつれさせる、困惑させる、紛糾させる
se încurca	再 もつれる、紛糾する
încurcat ウンクルカト	形 困った、もつれた
încurcătură ウンクルカトゥラー	女 もつれ、困難、紛糾
îndată ウンダター	副 すぐに、直ちに、もうすぐ
de *îndată* ce ...	…するとすぐに
îndatorire ウンダトリレ	女 義務、任務
îndemânare ウンデムナレ	女 技、巧み、熟練
îndemânatic ウンデムナティク	形 巧みな、熟練した、上手な
îndemână (la -) ウンデムナー（ラ ～）	副 手元に、すぐ手の届く所に
îndeosebi ウンデオセビ	副 特に、取り分け
îndepărtat ウンデパルタト	形 遠い、遠くの、離れた
îndrăzni ウンドゥラズニ	動 敢えて…する、思い切って…する
îndruma ウンドゥルマ	動 導く、道を示す
îndrumător ウンドゥルマトル	男 先導者、導き手
înduioşare ウンドゥイオシャレ	女 同情、感動

îndulci ウンドゥルチ	動	甘くする
se îndulci	再	甘くなる
îndulcit ウンドゥルチト	形	甘い味つけの
înecat ウネカト	形	溺れた、水没した
înflori ウンフロリ	動	咲く；繁栄する
înflorire ウンフロリレ	女	開花；繁栄
înfrânge ウンフルンジェ	動	打ち勝つ、破る
înfrânt ウンフルント	形	敗北した
înfricoșa ウンフリコシャ	動	恐れさせる
se înfricoșa	再	恐れる
înfricoșător ウンフリコシャトル	形	恐ろしい
înfrunta ウンフルンタ	動	立ち向かう
îngălbeni ウンガルベニ	動	黄色くなる、(顔が)青くなる；枯れる
îngheța ウンゲツァ	動	凍る、凍結
înghețată ウンゲツァタ―	女	アイスクリーム
îngrămădi ウングラマディ	動	積み重ねる、群がる
se îngrămădi	再	積み重なる、集まる
îngrășa ウングラシャ	動	太らせる
se îngrășa	再	太る
îngriji ウングリジ	動	世話をする、看病する、介護する
se îngriji	再	健康に留意する
îngrijire ウングリジレ	女	世話；看病、介護
îngrijora ウングリジョラ	動	心配させる
se îngrijora	再	心配する
îngust ウングスト	形	狭い、窮屈な、偏狭な
înlătura ウンラトゥラ	動	取り除く
înlocui ウンロクイ	動	取り替える、交代する、代行する
înmâna ウンムナ	動	手渡す

înmormântare ウンモルムンタレ	女	葬式、葬儀
înmulți ウンムルツィ	動	殖やす、多くする、増やす；掛け算する
se înmulți	再	殖える；増える、繁殖する
înnăscut ウンナスクト	形	生まれつきの
înnoi ウンノイ	動	更新する、新しくする、改める
se înnoi	再	新しくなる、改まる
înnoire ウンノイレ	女	更新
înnopta ウンノプタ	動	夜を過ごす、泊まる
se înnopta	再	夜になる、夜が更ける
înnora (se -) ウンノラ（セ～）	再	曇る
înnorat ウンノラト	形	曇った
înot ウンノト	中	泳ぎ、水泳
înota ウンノタ	動	泳ぐ、水泳する
înotător ウノタトル	男	水泳選手
înrăutăți ウンラウタツィ	動	悪化する
se înrăutăți	再	悪くなる
înregistra ウンレジィストゥラ	動	登録する
înregistrare ウンレジィストゥラレ	女	登録、記録；録音
înroși (se -) ウンロシ（セ～）	再	赤くなる
înrudi (se -) ウンルディ（セ～）	再	親戚になる
înrudit ウンルディト	形	縁を結んだ、親戚になった
însănătoși ウンサナトシ	動	（病気を）治す、快復させる
se însănătoși	再	治る、快復する
însăși ウンサシ	代	（人称、強調）彼女自身 (複 insele ウンセレ)
înscrie ウンスクリィエ	動	記載する、記入する
înscriere ウンスクリィエレ	女	記入、記載

înscris ウンスクリス	形 記載した、記入した
însemnătate ウンセムナタテ	女 重要性
însenina (se -) ウンセニナ (セ〜)	再 晴れる、晴天になる
însera (se -) ウンセラ (セ〜)	再 日が暮れる
înserare ウンセラレ	女 夕暮れ、日が暮れること
înserat ウンセラト	中 夕暮れ
pe *înserat*	夕暮れに
însoți ウンソツィ	動 同伴する、伴う
însoțitor ウンソツィトル	男 同伴者
însumi ウンスミ	代 (人称、強調) 私自身 (女 însămi ウンサミ)
însura ウンスラ	動 (男を) 結婚させる
se însura	再 (男が) 結婚する
însuși ウンスシ	代 (人称、強調) 彼自身 (複 înșiși ウンシシ)
	動 自分のものにする、身につける
însuți ウンスツィ	代 (人称、強調) 君自身 (女 însăți ウンサツィ)
înșine ウンシネ	代 (人称、強調) 我々自身
	(女 însene ウンセネ)
înșivă ウンシヴァー	代 (人称、強調) あなた達自身
	(女 însevă ウンセヴァー)
înștiința ウンシティインツァ	動 知らせる、告げる、教える
întâiul ウントゥイウル	序数 第 1 の (女 întâia ウントゥイア)
întâlni ウントゥルニ	動 会う、出会う
se întâlni	再 会う、出会う
întâmpina ウントゥムピナ	動 迎える、立ち向かう
întâmpla (se -) ウントゥムプラ (セ〜)	再 起きる、発生する
întârzia ウントゥルズィア	動 遅れる、遅刻する
întârziere ウントゥルズィイェレ	女 遅れ、遅刻

întoarce ウントァルチェ	動	廻す、返す、戻す
se întoarce	再	振り向く、帰る、戻る
întoarcere ウントァルチェレ	女	帰ること、戻ること
într-adevăr ウントゥラデヴァル	副	やはり；実に、誠に、本当に
între ウントゥレ	前	…の間に、…の中間に、…のうちに
întreba ウントゥレバ	動	問う、尋ねる、質問する
întrebare ウントゥレバレ	女	問い、質問；疑問
întrebuința ウントゥレブインツァ	動	使う、使用する、用いる
se întrebuința	再	使用される、用いられる
întrebuințare ウントゥレブインツァレ	女	使用、用いること
întrece ウントゥレチェ	動	追い越す、卓越する、突破する
se întrece	再	試合をする、競争する
întrecere ウントゥレチェレ	女	試合、競争
întrerupător ウントゥレルパトル	中	スイッチ
întrerupe ウントゥレルペ	動	中止する、中断する、遮断する
întreține ウントゥレツィネ	動	管理する、維持する、保全する
întrevedere ウントゥレヴェデレ	女	会見；会談
întrista ウントゥリスタ	動	悲しませる
se întrista	再	悲しくなる、悲しむ
întrucât ウントゥルクト	接	…なので、…から
întrucâtva ウントゥルクトゥヴァ	副	ある程度
întruna ウントゥルナ	副	絶えず、たえまなく
întruni ウントゥルニ	動	集める
se întruni	再	集まる、集合する、会合する
întrunire ウントゥルニレ	女	会合、集合
întuneca (se -) ウントゥネカ(セ～)	再	暗くなる
întunecare ウントゥネカレ	女	暗くなること
întunecat ウントゥネカト	形	暗い

întuneric ウントゥネリク	中	暗闇
întunerici (se ~) ウントゥネリチ (セ～)	再	(3人称単) 暗くなる
înțelegător ウンツェレガトル	形	理解のある
		(女 înțelegătoare ウンツェレガトァレ)
înțelege ウンツェレジェ	動	分かる、理解する
înțelegere ウンツェレジェレ	女	理解、了解
înțelept ウンツェレプト	形	賢い、知恵のある
înțeles ウンツェレス	中	意味
învăța ウンヴァツァ	動	学ぶ、習う、勉強する
învățământ ウンヴァツァムント	中	教え、教育
învățător ウンヴァツァトル	男	教師
învârti ウンヴルティ	動	回す、回転させる
se învârti	再	回る、回転する
înveseli ウンヴェセリ	動	陽気にする、楽しませる
se înveseli	再	陽気になる、楽しむ
învingător ウンヴィンガトル	男	勝利者、優勝者 / 形 勝利した
învinge ウンヴィンジェ	動	勝つ、打ち破る
învins ウンヴィンス	形	敗れた、負けた、敗北した
înzeci ウンゼチ	動	十倍にする
se înzeci	再	十倍になる
înzecit ウンゼチト	形	十倍の
își ウシ	代	(再) (彼・彼女) 自分に (与格、弱形)
îți ウツィ	代	(人称) 君に、お前に (与格、弱形)

J

jachetă ジャケター	女	(女性の) スーツの上着、ジャケット
japonez ジャポネズ	男	日本人 (女 japoneză ジャポネザー)
	形	日本の

limba *japoneză*	日本語
Japonia ジャポニア	名 日本（国）
jar ジャル	中 炭火
frige ... pe *jar*	…を炭火で焼く
jeleu ジェレゥ	中 (果物の)ゼリー (複 jeleuri ジェレウリ)
jenă ジェナー	女 遠慮、戸惑い、気詰まり
fără *jenă*	遠慮せずに
joacă ジョアカー	女 遊び
joc ジョク	中 遊び；ダンス；競技
joi ジョイ	女 木曜日
jos ジョス	副 下に、以下に、地面に
pe *jos*	徒歩で、歩いて
se da *jos* din ...	…を降りる
	形 低い (女 joasă ジョアサー)
juca ジュカ	動 (スポーツ、賭け事などを) する、踊る；(役割を) 果たす、演じる
se juca	再 遊ぶ、もてあそぶ
jucărie ジュカリイェ	女 おもちゃ
jucător ジュカトル	男 (スポーツの) 競技者、プレイヤー
judeca ジュデカ	動 裁く、裁判する、判断する
se judeca	再 裁かれる、訴訟する
judecătorie ジュデカトリイェ	女 裁判所
județ ジュデツ	中 県
jumătate ジュマタテ	女 半分
juridic ジュリディク	形 法律の、法律上の
jurist ジュリスト	男 法学者
jurnal ジュルナル	中 新聞；日記
just ジュスト	形 正当な、正しい、正確な

justiție ジュスティツィイェ	女 司法、正義、公正

K

kaki カキ	中 柿
kilogram キログラム	中 キログラム
kilometra キロメトゥラ	動 (距離を) キロメートルで測る
kilometru キロメトゥル	男 キロメートル
kilovolt キロヴォルト	男 キロボルト
kilowat キロヴァト	男 キロワット (複 kilowați キロヴァツィ)
kiwi キヴィー	女 キウイ

L

la ラ	前 (場所) …で、…に、…へ、…の方を、…の所に (時間)、… (時) に、…の際に、…おいて、…について
lac ラク	中 湖 (複 lacuri ラクリ)
lacom ラコム	形 食いしん坊な、欲張りの
lacrimă ラクリマー	女 涙 (複 lacrimi ラクリミ)
lactat ラクタト	形 乳の、乳製品の
produse *lactate*	乳製品
lamă ラマー	女 剃刀、刃
lampă ランパー	女 ランプ、燈火
lanternă ランテルナー	女 ランタン、懐中電灯
lanț ランツ	中 鎖
lanț muntos [de munți]	山脈
lapte ラプテ	中 乳；牛乳
larg ラルグ	形 広い、ゆったりした (複 largă ラルガー)
laser ラセル	中 レーザー

laş ラシ	男 臆病者 / 形 卑怯な、臆病な
lat ラト	形 幅の広い
lateral ラテラル	形 側面の、横の
latitudine ラティトゥディネ	女 緯度、緯線
lăcrima ラクリマ	動 涙が出る；涙をこぼす
lămâie ラムイェ	女 レモン（複 lămâi ラムィ）
lămuri ラムリ	動 明らかにする、解明する
se lămuri	再 明らかになる
lăptăreasă ラプタレアサー	女 （女性の）牛乳屋
lăsa ラサ	動 放す、残す、置く
lăţime ラツィメ	女 幅
lăuda ラウダ	動 褒める、賛美する
se lăuda	再 自画自賛する、威張る
lăudabil ラウダビル	形 賞賛すべき
lăudăros ラウダロス	形 ほら吹きの、高慢な
lână ルナー	女 ウール、羊毛（羊毛製品、毛織物）
lângă ルンガー	前 …の傍に、…の近くに、隣に
le レ	代 （人称）彼らに、彼女らに、それらに（ei, ele の与格、弱形）
Le-am povestit.	（私は）彼らに［彼女らに］語った。
le レ	代 （人称）彼女らを、それらを（ele の対格、弱形）
Le-am văzut.	（私は）彼女らを見た。
leagăn レァガン	中 ゆりかご、ブランコ
cântec de *leagăn*	子守唄
lectură レクトゥラー	女 読書
lecţie レクツィエ	女 授業、レッスン（複 lecţii レクツィィ）
participa la *lecţie*	授業を受ける

lega レガ	動 結ぶ、結びつける、つなげる
se lega	再 結ばれる、連結する
legal レガル	形 合法的な、法的な
legăna レガナ	動 揺さぶる
se legăna	再 揺れる
legătură レガトゥラー	女 結びつき、連絡；束、関連、つなぎ
face *legătura*	連絡する、つなぐ
lege レジェ	女 法律、法則
legislaţie レジィスラツィイェ	女 法律
legitimaţie レジィティマツィイェ	女 身分証明書
legume レグメ	女複 野菜
legume-fructe	八百屋
lemn レムン	中 木、木材（複 lemne レムネ）
casă din *lemn*	木造家屋
lenjerie de corp レンジェリイェ デ コルプ	女 下着類
lent レント	形 ゆっくりとした、緩慢な
lei レイ	男複 レイ（ルーマニアの通貨）
leu レウ	男〈動〉（雄）ライオン（複 lei レイ）
liber リベル	形 自由な、空いている
loc *liber*	自由（空）席
avea timp *liber*	暇がある
libertate リベルタテ	女 自由
librărie リブラリイェ	女 本屋、書店
liceal リチェアル	形 高等学校の
liceu リチェウ	中 高等学校
lichid リキド	中 液体
lichida リキダ	動 清算する

lichior リキォル	中 リキュール
lider リデル	男 指導者
lift リフト	中 エレベーター
ligă リガー	女 同盟
limbă リムバー	女 舌；言葉、言語
limita リミタ	動 境界をつける、区域を決める；限定する、制限する
se limita	再 限る、…だけに留まる
lingură リングラー	女 さじ、スプーン
linguriță リングリツァー	女 ティースプーン
linie リニィェ	女 線、定規
linie dreaptă	直線
linie curbă	曲線
linişte リニシテ	女 静けさ、平穏、安心、落ち着き
linişti リニシティ	動 静かにさせる、鎮める、安心させる
se linişti	再 鎮まる、安心する、落ち着く
liniştit リニシティト	副 静かに、落ち着いて
	形 静かな、穏やかな、落ち着いた
lipi リピ	動 貼りつける、くっつける
se lipi	再 貼りつく、くっつく
lipsă リプサー	女 欠乏、欠除；不在
lipsi リプスィ	動 欠ける、不在である、留守にする
listă リスター	女 リスト、名簿
listă de bucate	メニュー
literatură リテラトゥラー	女 文学
literă リテラー	女 文字
litoral リトラル	中 沿岸、沿海地
litru リトゥル	男 リットル （複 litri リトゥリ）

loc ロク	中 所、場所；席
ceda *locul*	席を譲る
loc rezervat	予約席
local ロカル	形 地方の、現地の
localitate ロカリタテ	女 場所、所
localnic ロカルニク	男 （一地方の）住民
locțiitor ロクツィイトル	男 代理人
locui ロクイ	動 住む、居住する
locuință ロクインツァー	女 住居；住宅
locuitor ロクイトル	男 住民、住人
logodi (se -) ロゴディ（セ～）	再 婚約する
logodnă ロゴドナー	女 婚約
logodnic ロゴドニク	男 婚約者（女 logodnică ロゴドニカー）
longevitate ロンジェヴィタテ	女 寿命、長寿
lor ロル	代 （人称）彼（彼女）らに、それらに (ei, ele の与格、強形)
loterie ロテリィェ	女 宝くじ、福引
lovi ロヴィ	動 打つ、殴る、打撃を与える
lovitură ロヴィトゥラー	女 打撃
lovitură de stat	クーデター
lua ルア	動 （手に）取る、掴む、手に入れる
lua masa	食べる
lua loc	座る
luceafăr ルチェアファル	男 金星（明星）
lucra ルクラ	動 働く、労働する、勤める
lucrare ルクラレ	女 作品、仕事、働くこと；工事
lucrător ルクラトル	男 働き手、労働者、作業員

lucru ルクル	中 仕事、労働；作業；物、事
lucru temporar	一時的な仕事、アルバイト
lui ルイ	代 (人称) 彼に、それに (elの与格、強形)
	冠 (定)（人名を表す男性固有名詞・与格の前につける）、…の、…に
mama *lui* Mihai	ミハイの母親
lume ルメ	女 世界、世間、人々
lume financiară	財界
capătul *lumii*	世界の果て
lumina ルミナ	動 照らす、明るくする
se lumina	再 明るくなる
lumină ルミナー	女 光、照明
luminos ルミノス	形 明るい（女 luminoasă ルミノアサー）
lunar ルナル	形 毎月の、月間の／副 毎月、月ごとに
lună ルナー	女 月、お月さま
lună plină	満月
o dată pe *lună*	月に一回
lung ルング	形 長い
lungime ルンジィメ	女 長さ
luni ルニ	女 月曜日
lup ルプ	男 〈動〉狼
lupta ルプタ	動 闘う、争う、競う
se lupta	再 闘う
lustrui ルストゥルイ	動 磨く、艶を出す
lut ルト	中 粘土、土
lux ルクス	中 贅沢
luxos ルクソス	形 贅沢な（女 luxoasă ルクソアサー）

M

macaroane マカロアネ	女複	マカロニ
machia (se -) マキァ（セ～）	再	化粧する
machiaj マキァジ	中	メーキャップ
macrou マクロウ	中	〈魚〉サバ
magazin マガズィン	中	店、商店
magnetofon マグネトフォン	中	テープレコーダー
mai マィ	副	①形容詞・副詞の比較級・最上級を構成する ②まだ；更に；もっと

Ea este *mai* harnică decât el.　彼女は彼よりも勤勉です。

cea *mai* silitoare elevă	最も勤勉な女生徒
mai de dimineață	朝もっと早く
mai întâi	最初に、初めに
mai târziu	後で

mai マィ	男	5月
mail メイル	中	メール
maimuță マイムツァー	女	猿
maioneză マイオネザー	女	マヨネーズ
maiou マイオウ	中	アンダーシャツ、袖なしシャツ
major マジォル	形	成年の；重要な
majoritar マジォリタル	形	過半数の
majoritate マジォリタテ	女	過半数、大部分
mal マル	中	河岸、川端、川辺、川縁
mamă ママー	女	母、母親、お母さん
mandarine マンダリネ	女複	みかん
maneger マネジェル	男	マネジャー
manevra マネヴラ	動	操作する、運転する、操縦する
mango マンゴ	男	マンゴー

mansardă マンサルダー	女 屋根裏部屋
manual マヌアル	形 手細工の、ハンドメイドの
	中 教科書、マニュアル
mare マレ	形 大きい、偉大な
se da *mare*	威張る、威張り散らす
	女 海（複 mări マリ）
marfă マルファー	女 品物、商品、貨物
margine マルジィネ	女 端、外れ、縁
marinar マリナル	男 水夫、船乗り
maritim マリティム	形 海の、海洋の、海上の
transport *maritim*	海上交通
maro マロ	形 茶色の
martie マルティイェ	男 3月
marți マルツィ	女 火曜日
masă マサー	女 テーブル、机；食卓、食事
masa de prânz	昼食
masa de seară	夕食
înainte de *masă*	食前
după *masă*	食後
mascul マスクル	男 雄
mașină マシナー	女 機械；乗用車
mat マト	形 艶のない；不透明な
material マテリアル	中 材料、素材
materie マテリイェ	女 物質、物体、物品；科目、題目
materie primă	原料（複 materii prime）
matinal マティナル	形 朝の、午前の
mazăre マザレ	女 グリーンピース
măcelărie マチェラリイェ	女 肉屋

083

mănuși マヌシ	女 複 手袋（単 mănușă マヌシァー）
măr マル	中 りんご（複 mere メレ）
mări マリ	動 大きくする、増やす
se mări	再 大きくなる、増える、拡大する
mărime マリメ	女 大きさ、広さ、サイズ
mărita (se -) マリタ（セ〜）	再 （女性が）結婚する
mărunt マルント	形 小さい、細かい
cheltuieli *mărunte*	雑費
mărunțiș マルンツィシ	中 小銭、細かいお金
măsline マスリネ	女 複 オリーブの実
măsura マスラ	動 測定する、測る
măsură マスラー	女 計量、ます；量器；サイズ
pe *măsură* ce ...	…するにつれて
lua *măsuri*	処置を取る
mătase マタセ	女 絹（複 mătăsuri マタスリ）
mătura マトゥラ	動 （ほうきで）掃除する
măturat マトゥラト	中 （ほうきで）掃除すること
mătură マトゥラー	女 ほうき
mătușă マトゥシァー	女 伯母、叔母
mâine ムィネ	副 明日
mâine seară	明晩
mână ムナー	女 手（複 mâini ムィニ）
mână de lucru	労働力
pe sub *mână*	こっそり、密やかに
mânăstire ムナスティレ	女 修道院
mânca ムンカ	動 食べる、召し上がる、頂く
mânca bătaie	殴られる
mânca cu poftă	美味しく食べる

mâncare ムンカレ	女 料理、食物
E gata *mâncarea*?	食事の用意はできましたか?
mândri (se -) ムンドゥリ (セ ~)	再 誇る、自慢する
mândrie ムンドゥリイェ	女 誇り、自慢
mânui ムヌイ	動 取り扱う、操作する
mea (a -) メア (ア~)	代 (所有)私のもの(複 ale mele アレ メレ)
mea メア	形 (所有)私の
mecanic メカニク	男 機械工、機械修理工、機関士
meci メチ	中 試合、競技(複 meciuri メチゥリ)
medic メディク	男 医師、医者
medical メディカル	形 医学上の
medicamente メディカメンテ	中複 薬、薬剤
medie メディイェ	女 平均、平均値
în *medie*	平均して
mediu メディゥ	形 平均した、真ん中の、中間の (女 medie メディイェ)
mediu înconjurător メディゥ ウンコンジゥラトル	中 環境
melancolie メランコリイェ	女 憂鬱
melodie メロディイェ	女 メロディー、旋律
membru メムブル	男 一員、会員、メンバー
memora メモラ	動 記憶する、覚えこむ
uşor de *memorat*	覚え易い
memorie メモリイェ	女 記憶
meniu メニゥ	中 メニュー
menţine メンツィネ	動 維持する
menţiona メンツィオナ	動 言及する、触れる
mereu メレゥ	副 いつも、絶え間なく

merge メルジェ	動 行く、歩く
Mergi sănătos!	行ってらっしゃい、ご無事に
merit メリト	中 長所、功績、功労、メリット
merita メリタ	動 値する、価値がある
mers メルス	中 進行、歩み
mersul trenurilor	列車の時刻表
mesaj メサジ	中 伝言
meseriaş メセリアシ	男 職人
meserie メセリィエ	女 職業
mesteca メステカ	動 噛む、噛み砕く
gumă de *mestecat*	チューインガム
meşteşug メシテシゥグ	中 手職、腕前、技
meşteşugar メシテシゥガル	男 職人
metal メタル	中 金属
metropolă メトゥロポラー	女 首府；首都
metrou メトゥロウ	中 地下鉄
metru メトゥル	男 メートル
meu (al ~) メゥ (アル ~)	代 (所有) 私のもの (複 ai mei アイ メイ)
mezelic メゼリク	中 オードブル、軽いおつまみ
mezeluri メゼルリ	中複 ハム・ソーセージ類
mi ミ	代 (人称) 私に (eu の与格、弱形)
mic ミク	形 小さい、幼い
micşora ミクシォラ	動 小さくする、減らす、減少する
mie ミィエ	代 (人称) 私に (eu の与格、強形)
	数 1,000 (複 mii ミイ)
miercuri ミェルクリ	女 水曜日
miez ミェズ	中 種、真中
miilea (al o ~) ミイレァ (アル オ ~)	序数 第千の (女 a o miia ア オ ミイア)

086

miime (o -) ミイメ（オ〜）	女 千分の一（複 miimi ミイミ）
mijloc ミジロク	中 中心、真ん中；腰 （複 mijlocuri ミジロクリ）
dureri de *mijloc*	腰の痛み
	中 手段；方法（複 mijloace ミジロアチェ）
mijloace de transport	交通手段
mijlociu ミジロチゥ	形 真ん中の、中ほどの
milă ミラー	女 哀れみ、同情
milion ミリオン	中 百万
militar ミリタル	男 軍人
minciună ミンチゥナー	女 嘘
mineral ミネラル	形 鉱物の、ミネラルの
minge ミンジェ	女 ボール
minister ミニステル	中 省
ministru ミニストゥル	男 大臣（女 ministră ミニストゥラー）
minor ミノル	男 未成年 / 形 未成年の；重要でない
minoritar ミノリタル	形 少数民族の
minte ミンテ	女 知恵、記憶
ține *minte*	記憶している、覚える
minți ミンツィ	動 嘘をつく
minunat ミヌナト	形 素晴らしい
minut ミヌト	中 （時間の）分（複 minute ミヌテ）
minuțios ミヌツィオス	形 精密な、細心な、綿密な
mira (se -) ミラ（セ〜）	再 驚く
miros ミロス	中 におい
mirosi ミロスィ	動 におう、臭い
mișca ミシカ	動 動かす；感動させる
se mișca	再 動く

mișcare ミシカレ	女 運動、動き
mlaștină ムラシティナー	女 沼
moale モァレ	形 柔らかい；気の弱い（複 moi モィ）
moarte モァルテ	女 死、死亡
mobil モビル	形 動かし得る、移動性の；携帯用の
bunuri *mobile*	動産
telefon *mobil*	携帯電話
mobila モビラ	動 家具を入れる
mobilă モビラー	女 家具
mod モド	中 やり方、方法
modă モダー	女 モード、流行
E la *modă*.	流行している
model モデル	中 規範、模型、手本
modern モデルン	形 流行の、近代の、近代的な
mofturos モフトゥロス	形 わがままな、気紛れな
moment モメント	中 瞬間、瞬時
din *moment* în *moment*	今にも、今すぐに
mondial モンディアル	形 世界の、国際の
monedă モネダー	女 貨幣（複 monede モネデ）
monedă curentă	通貨
monta モンタ	動 組み立てる、取りつける、設置する
se monta	再 組み立てられる、設置される
morcovi モルコヴィ	男 複 にんじん（単 morcov モルコヴ）
mormânt モルムント	中 墓
morun モルン	男 〈魚〉チョウザメ
mostră モストゥラー	女 見本
moș モシ	男 老人、じいさん
moșteni モシテニ	動 （遺産を）相続する、受け継ぐ

moştenitor モシテニトル	男 相続人
motan モタン	男 雄猫
motiv モティヴ	中 動機、理由
pe *motiv* că ...	…という口実で
motiva モティヴァ	動 理由を述べる、理由を上げる
motocicletă モトチクレター	女 オートバイ
motor モトル	中 エンジン、モーター
mult ムルト	形 多くの、沢山の (女 multă ムルター)
	副 多く、沢山

De *multă* vreme nu te-am văzut!　久しぶりですね。

mulţumi ムルツミ	動 感謝する；感謝させる
se mulţumi	再 満足する
mulţumire ムルツミレ	女 感謝；満足
muncă ムンカー	女 労働、仕事
muncă fizică	肉体労働
munci ムンチ	動 働く、労働する
muncitor ムンチトル	男 労働者
municipal ムニチパル	形 市の
municipiu ムニチピゥ	中 市
munte ムンテ	男 山 (複 munţi ムンツィ)
muntos ムントス	形 山の多い、山地の
murdar ムルダル	形 汚い、不潔な、卑しい
murdări ムルダリ	動 汚す、汚くする
se murdări	再 汚れる、汚くなる
mure ムレ	女 複 ブラックベリー
muri ムリ	動 死ぬ
musafir ムサフィル	男 客、訪問客
muscă ムスカー	女 ハエ (複 muşte ムシテ)

muscular ムスクラル	形 筋肉の、筋の
muşchi ムシキ	男 不変 筋肉；ヒレ (肉)
muşchi de porc	豚のヒレ (肉)
muştar ムシタル	中 からし、マスタード
muta ムタ	動 移動させる、転居させる
se muta	再 移動する、転居する、引っ越す
muzeu ムゼゥ	中 博物館
muzeu de artă	美術館
muzică ムズィカー	女 音楽

N

naiv ナイヴ	形 無邪気な、素朴な；信じ易い
nas ナス	中 鼻
nasturi ナストゥリ	男 複 ボタン (単 nasture ナストゥレ)
naş ナシ	男 (結婚の) 仲人；名付け親
naşte ナシテ	動 生む、出産する；生ずる
se naşte	再 生まれる、出生する、誕生する
naştere ナシテレ	女 誕生、出産
zi de *naştere*	誕生日
nativ ナティヴ	形 生まれつきの
natural ナトゥラル	形 自然の、天然の；気取らない
natură ナトゥラー	女 自然
naţie ナツィイェ	女 民族
naţional ナツィオナル	形 国民の、国立の、民族的な
naţionalitate ナツィオナリタテ	女 国籍
naţiune ナツィウネ	女 国民、民族
navă ナヴァー	女 船
navă cosmică	宇宙船

naviga ナヴィガ	動 航海する、航行する
navigaţie ナヴィガツィイェ	女 航海、航行
nămol ナモル	中 泥
nămolit ナモリト	形 泥だらけの、泥にうずまった
nărav ナラヴ	中 癖、悪癖、悪習
ne ネ	代 （人称）我々を、私達を；我々に、私達に（noi の対・与格、弱形）
ne- ネ	「不定、非、無」の意味を付与する接頭語
neam ネアム	中 一族、家系
neamestec ネアメステク	中 不干渉、不介入
neamţ ネアムツ	男 ドイツ人（複 nemţi ネムツィ）（女 nemţoaică ネムツォアィカー）
neaşteptat ネアシテプタト	形 意外な、思いがけない
nebunie ネブニイェ	女 狂気、狂気の振る舞い
necaz ネカズ	中 悩み、不幸
necăjit ネカジト	形 悲しい
necăsătorit ネカサトリト	形 未婚の、独身の
necesar ネチェサル	形 必要な、必然的な
nedrept ネドゥレプト	形 不正な、不公平な
pe *nedrept*	不正に、不当に
nedreptate ネドゥレプタテ	女 不正、不公平
nega ネガ	動 否定する、否認する
negru ネグル	形 黒い（女 neagră ネアグラー）
negustor ネグストル	男 商売人
neîntemeiat ネウンテメイアト	形 根拠のない
neînţelegere ネウンツェレジェレ	女 無理解、誤解
nelinişte ネリニシテ	女 不安、心配

nenorocire ネノロチレ	女	不運、不幸、災い
nenumărat ネヌマラト	形	無数の、数え切れない
neoficial ネオフィチアル	形	非公式の
nepăsare ネパサレ	女	無頓着；冷淡、平気、無関心
neplăcere ネプラチェレ	女	不愉快、不快
neplăcut ネプラクト	形	不愉快な、不快な、嫌な
nepoată ネポアター	女	姪；孫娘
nepoliticos ネポリティコス	形	無礼な、無作法な
nepot ネポト	男	甥；孫
nepotrivire ネポトゥリヴィレ	女	不一致、不適格、くい違い
neprezentare ネプレゼンタレ	女	欠席、不出頭
nepricepere ネプリチェペレ	女	不器用；無能
nepriceput ネプリチェプト	形	不器用な、下手な
neputință ネプティンツァー	女	無力、無能力
nerăbdare ネラブダレ	女	もどかしさ、待ち兼ねること
nerăbdător ネラブダトル	形	短気な、我慢できない
nervos ネルヴォス	形	神経質な；神経の
neschimbat ネスキムバト	形	変化のない、相変わらずの
neserios ネセリオス	形	不真面目な、ふざけた
nevoie ネヴォイェ	女	必要性、苦難、困窮
de *nevoie*		余儀なく、止むをえず
ni ニ	代	（人称）我々に、私達に（noi の与格、弱形）
ni se pare că ...		我々には…に見えるようだ
nicăieri ニカイェリ	副	どこにも…ない
niciodată ニチォダター	副	決して…しない、一度も…でない、一回もない
nimeni ニメニ	代	（否定）誰一人…でない

nimic ニミク	代 （否定）何ひとつ…でない
ninge ニンジェ	動 雪が降る
ninsoare ニンソァレ	女 降雪
nisip ニスィプ	中 砂
nişte ニシテ	冠 （不定）ある人々（物）
nivel ニヴェル	中 水準、程度
noapte ノアプテ	女 夜（複 nopţi ノプツィ）
noastră (a -) ノアストゥラー（ア ～）	代 （所有）私達のもの（複 ale noastre アレ ノアストゥレ）
noastră ノアストゥラー	形 （所有）私達の
nociv ノチヴ	形 有害な
noi ノィ 　pe *noi*	代 （人称）我々が、私達は（主格）；我々を、私達を（対格、強形）
noiembrie ノイェムブリィェ	男 11月
nor ノル	男 雲（複 nori ノリ）
noră ノラー	女 （息子の）嫁（複 nurori ヌロリ）
nord ノルド	中 北、北部
normal ノルマル	形 正常な、当然の、普通の
noroi ノロィ	中 泥、ぬかるみ
noros ノロス	形 曇った、雲の多い
nostru (al -) ノストゥル（アル ～）	代 （所有）私達のもの（複 ai noştri アィ ノシトリ）
nostru ノストゥル	形 （所有）私達の
nota ノタ	動 書き留める
notă ノター	女 覚え書き；音符；請求書
notiţă ノティツァー	女 ノート
nou ノゥ	形 新しい（女 nouă ノゥアー）（複 不変 noi ノィ）

anul *nou*	新年
din *nou*	再び
nouă ノウァー	代 （人称）我々に、私達に (noi の与格、強形)
nouă ノウァー	数 9
nouălea (al ~) ノウァレア (アル ~)	序数 第9の （女 a noua ア ノウァ）
nouăsprezece ノウァスプレゼチェ	数 19
nouăzeci ノウァゼチ	数 90
nouăzecilea (al ~) ノウァゼチレア (アル ~)	序数 第90の （女 a nouăzecea ア ノウァゼチェア）
nu ヌ	副 いいえ、いや、…でない、しない
nuci ヌチ	女複 クルミ （単 nucă ヌカー）
nuclear ヌクレアル	形 核の、原子の
energie *nucleară*	核エネルギー、原子力
nucleu ヌクレウ	中 核 （複 nuclee ヌクレイェ）
numai ヌマィ	副 …だけ、…のみ；単に
numaidecât ヌマィデクト	副 直ちに、今すぐ
număr ヌマル	中 番号、数字 （複 numere ヌメレ）
număr par	偶数
număra ヌマラ	動 数える
nume ヌメ	中 名前
numeral ヌメラル	中 数詞
numeral ordinal	序数詞
numerar ヌメラル	中 現金
numeros ヌメロス	形 数多い、沢山の （女 numeroasă ヌメロァサー）
numi ヌミ	動 …に名前をつける、任命する
se numi	再 任命される、…という名前である

nuntă ヌンター	女 結婚式	
nuvelă ヌヴェラー	女 小説	

O

o オ	冠 女 (不定) ある… (→ un)	
o オ	代 (人称) 彼女を、それを (ea の対格、弱形)	
O ştiam dinainte.	(私は) 彼女を前から知っていた。	
Ieri am înapoiat-*o*.	(私は) それを昨日返した。	
o オ	助動 (動詞の接続法と共に直説法未来形を構成する)	
(Eu) *o* să cumpăr.	(私は) 買うでしょう。	
oaie オアイェ	女 羊 (複 oi オイ)	
oală オアラー	女 壺、深鍋 (複 oale オアレ)	
oară オアラー	女 度、回数 (複 ori オリ)	
de patru *ori* pe zi	日に四回	
ori de câte *ori* ...	…する度に	
oaspete オアスペテ	男 客人、招待客	
obicei オビチェイ	中 習慣、風習	
ca de *obicei*	相変わらず	
obiect オビエクト	中 対象、事物、物品	
obiectiv オビエクティヴ	形 客観的な / 副 客観的に	
obişnui オビシヌイ	動 慣らす、習慣をつける	
se obişnui	再 慣れる	
obişnuinţă オビシヌインツァー	女 習慣	
obişnuit オビシヌイト	形 慣れた；普通の、通常の、平凡な	
oblic オブリク	形 斜めの	

obliga オブリガ	動 義務付ける、強いる
se obliga	再 義務を負う、責任を取る
oboseală オボセアラー	女 疲れ、疲労
obosi オボスィ	動 疲れる
obraz オブラズ	男 頬（複 obraji オブラジ）
obraznic オブラズニク	形 厚かましい
observa オブセルヴァ	動 観察する
obstacol オブスタコル	中 障害物、邪魔物、妨害
obține オブツィネ	動 得る、入手する
obține majoritatea	過半数を獲得する
ocazie オカズィイェ	女 機会、きっかけ、チャンス
pierde *ocazia*	チャンスを逃す
occident オクチデント	中 西洋
occidental オクチデンタル	形 西洋の / 男 西洋人
ocean オチェアン	中 大洋、海洋
ochelari オケラリ	男 不変 眼鏡
ochi オキ	男 不変 目
ocoli オコリ	動 遠回りする；問いをそらす；避ける
ocoli un pericol	危険を避ける
octombrie オクトムブリイェ	男 10月
ocupa オクパ	動 占める、占領する；就く
ocupa funcția de ...	…の職に就く
se ocupa	再 携わる
se ocupa cu agricultura	農業に携わる
ocupat オクパト	形 忙しい；使用中の
ocupație オクパツィイェ	女 職業、仕事、用事
odihnă オディフナー	女 休憩、休養、休暇
zi de *odihnă*	休日

odihni オディフニ	動 休ませる、休憩させる
se odihni	再 休む、休憩する
odinioară オディニオアラー	副 昔、かつて
oferi オフェリ	動 提供する、贈呈する、差し上げる
ofertă オフェルター	女 提供；〈経済〉供給
cerere şi *ofertă*	需要と供給
oficial オフィチアル	形 公式の、正式の、公的な
oficiu オフィチゥ	中 事務所
oficiu poştal	郵便局
ofili (se -) オフィリ (セ～)	再 枯れる、しぼむ
oglindă オグリンダー	女 鏡 (複 oglinzi オグリンズィ)
ogor オゴル	中 畑、田畑 (複 ogoare オゴァレ)
olărie オラリイェ	女 窯元、陶器製造所
olărit オラリト	中 陶芸、製陶業
olimpiadă オリムピアダー	女 オリンピック
olimpic オリムピク	形 オリンピックの
om オム	男 人間、人物 (複 oameni オァメニ)
om de rând	普通の人
omenesc オメネスク	形 人間的な、人間らしい
omeneşte オメネシテ	副 人間らしく、礼儀正しく
omenire オメニレ	女 人々、人類
omenos オメノス	形 人情のある、人間らしい
omletă オムレター	女 オムレツ
omletă cu şuncă	ハムエッグ
onest オネスト	形 正直な、真面目な
onoare オノァレ	女 名誉
onomastică オノマスティカー	女 命名日、聖名祝日
onora オノラ	動 名誉を与える、敬意を表す

O

opac オパク	形 不透明な
opera オペラ	動 手術する；(操作・作業を) 行う
operație オペラツィイェ	女 手術；操作、作業
operă オペラー	女 作品；オペラ
operă de artă	芸術作品
opinie オピニイェ	女 意見、見解
opinie publică	世論
opoziție オポズィツィイェ	女 対立、敵対、(位置の) 反対、対象
partid de *opoziție*	野党
opri オプリ	動 止める、阻止する、中止する
se opri	再 (立ち) 止まる、停止する
oprire オプリレ	女 停止、停車；中止
opt オプト	数 8
optime オプティメ	女 八分の一
optimist オプティミスト	形 楽観的な
optsprezece オプトゥスプレゼチェ	数 18
optulea (al ~) オプトゥレア (アル ~)	序数 第 8 の (女 a opta ア オプタ)
optzeci オプトゥゼチ	数 80
oraș オラシ	中 町、都市
oră オラー	女 時間、時刻
Ce *oră* e acum?	今何時ですか?
orchestră オルケストゥラー	女 オーケストラ
orchestră simfonică	交響楽団
ordin オルディン	中 命令
ordinal オルディナル	形 順序の
ordinar オルディナル	形 普通の、平凡な、ありふれた
ordine オルディネ	女 順序、順番；秩序、整頓
ordine publică	治安

ordona オルドナ	動 整理する、片付ける；命令する
ordonat オルドナト	形 整頓された、きちんとした
orez オレズ	中 米、稲；ご飯
orezărie オレザリイェ	女 水田、稲田、田んぼ
organiza オルガニザ	動 組織する、開催する
se organiza	再 組織(化)される、編成される
organizator オルガニザトル	男 組織者、まとめ役、主催者
organizație オルガニザツィイェ	女 組織
orgolios オルゴリオス	形 高慢な
ori オリ	接 または、あるいは
oricând オリクンド	副 いつでも
Oricând ești bine venit.	(あなたは) いつでも歓迎されている。
oricine オリチネ	代 (不定) 誰でも
Oricine poate să intre.	誰でも入れる。
orient オリイェント	中 東、東方
Orientul Mijlociu	中東
origine オリジィネ	女 根源、元、本；由来
de *origine*	生まれの
oriunde オリウンデ	副 どこでも
orizont オリゾント	中 地平線、水平線
ornament オルナメント	中 飾り、装飾
ospătar オスパタル	男 ウエイター、給仕
ospitalitate オスピタリタテ	女 もてなし、歓待
oțel オツェル	中 鋼鉄
oțet オツェト	中 酢
ou オウ	中 卵 (複 ouă オウァー)
oxigen オクスィジェン	中 酸素
ozon オゾン	中 オゾン

099

P

pace パチェ	女 平和、平穏、安心
pachet パケト	中 箱、小包
pachet de țigări	タバコ一箱
pacient パチィエント	男 患者
pacific パチフィク	形 平和な / 副 平和的に
pagină パジィナー	女 ページ（複 pagini パジニ）
pagină web	ホームページ
pagubă パグバー	女 被害、損害、損失
pahar パハル	中 コップ、グラス（複 pahare パハレ）
paisprezece パイスプレゼチェ	数 14（または patrusprezece パトゥルスプレゼチェ）
palat パラト	中 宮殿
palid パリド	形 青ざめた、真っ青な
palmă パルマー	女 掌（複 palme パルメ）
bate din *palme* / aplauda	拍手する
palpita パルピタ	動 鼓動する、動悸がする
palpitație パルピタツィイェ	女 胸騒ぎ、鼓動
palton パルトン	中 オーバーコート
pană パナー	女 羽、羽毛；故障、パンク
panică パニカー	女 パニック、恐慌
pansa パンサ	動 包帯を巻く
pansament パンサメント	中 包帯
pantaloni パンタロニ	男複 ズボン
pantaloni scurți	半ズボン
pantă パンター	女 坂、傾斜、斜面
pantofi パントフィ	男複 靴
papaya パパイア	女 パパイヤ

papion パピオン	中	蝶ネクタイ
papuci パプチ	男複	スリッパ
paradis パラディス	中	極楽、楽園、天国
pară パラー	女	洋梨（複 pere ペレ）
parc パルク	中	公園（複 parcuri パルクリ）
parca パルカ	動	駐車する
parcare パルカレ	女	駐車場
pardesiu パルデスィウ	中	（薄手の）コート
parfum パルフム	中	香水
parlament パルラメント	中	国会、議会
parolă パロラー	女	合言葉
parte パルテ	女	部分、分け前、負担分
pe de o *parte*		一方では…
pe de altă *parte*		他方では…
partener パルテネル	男	相手、相棒、パートナー
parter パルテル	中	（日本での）１階、グランドフロアー
participa パルティチパ	動	参加する
participant パルティチパント	男	参加者
partid パルティド	中	党
partid politic		政党
partidă パルティダー	女	試合、勝負
parţial パルツィアル	形	部分的な、一部の
pas パス	男	一歩、歩調、足並み
pasager パサジェル	男	乗客、旅客
pasăre パサレ	女	鳥、鶏（複 păsări パサリ）
pasiona パスィオナ	動	熱狂させる、熱中させる、夢中にさせる
se pasiona	再	夢中になる、熱中する
pasiune パスィウネ	女	情熱；趣味

pasiv パスィヴ	形	消極的な、受動的な
pastă パスター	女	ペースト
pastă de dinți		歯磨き（粉）
pașaport パシァポルト	中	パスポート（複 pașapoarte パシァポアルテ）
pașnic パシニク	形	平和な、平穏な、温和な
Paști パシティ / **Paște** パシテ	男	復活祭、イースター
pat パト	中	ベッド（複 paturi パトゥリ）
patina パティナ	動	スケートをする
patinaj パティナジ	中	スケート
patinator パティナトル	男	スケート選手
patiserie パティセリィエ	女	菓子店
patrimoniu パトゥリモニゥ	中	世襲財産、遺産
patrimoniu cultural		文化遺産
patrimoniu mondial		世界遺産
patru パトゥル	数	4
patrulea (al ~) パトゥルレア (アル～)	序数	第4の（女 a patra ア パトゥラ）
patruzeci パトゥルゼチ	数	40
pauză パウザー	女	休憩
pază パザー	女	警備
păcăli パカリ	動	だます
se păcăli	再	だまされる
pădure パドゥレ	女	森、森林
pădurice パドゥリチェ	女	林
păgubaș パグバシ	男	被害者、敗者
păgubi パグビ	動	被害を与える；被害をこうむる
păianjen パイアンジェン	男	蜘蛛（複 păienjeni パイエンジェニ）
pălărie パラリィエ	女	帽子
a-și pune *pălăria*		帽子をかぶる

pământ パムント	中 土地、土；地球
păpuşă パプシァー	女 人形
păr パル	男 毛、髪の毛
părere パレレ	女 意見、考え、説；幻影
părere de rău	後悔の念
părinte パリンテ	男 父親、生みの親
părinteşte パリンテシテ	副 親らしく、親のように
părinţi パリンツィ	男 複 両親
păstra パストゥラ	動 保つ、保存する、維持する
se păstra	再 保存される、維持される
păstrăv パストゥラヴ	男 〈魚〉マス
păstrugă パストゥルガー	女 チョウザメ（の一種）
păta パタ	動 汚す、しみをつける
pătrat パトゥラト	形 四角い
pătrime パトゥリメ	女 四分の一
pătrunjel パトゥルンジェル	男 パセリ
pătrunde パトゥルンデ	動 浸透する、入り込む、侵入する
pătură パトゥラー	女 毛布；(社会の) 層
păzi パズィ	動 番をする
se păzi	再 用心する、避ける
pâine プィネ	女 パン
pâlpâi プルプイ	動 じりじり燃える、明滅する
până プナー	前 …まで
până acolo încât să ...	…するようなところまで
până şi ...	…でさえ
pânză プンザー	女 布；帆；キャンバス
pictură pe *pânză*	キャンバス画
pârâu プルウ	中 小川 (複 pârâuri プルウリ)

pârjoală プルジョアラー	女 (肉の)コロッケ (複 pârjoale プルジョアレ)
pe ペ	前 …の上に
pe masă	机の上に
pe seama lui ...	彼の負担で…
pediatrie ペディアトゥリイェ	女 小児科
pediatru ペディアトゥル	男 小児科医
peisaj ペイサジ	女 景色、風景
penar ペナル	中 筆入れ、筆箱
peninsulă ペニンスラー	女 半島
pensie ペンスィイェ	女 年金
pensiune ペンスィウネ	女 下宿、下宿屋
pentru ペントゥル	前 …のために、…のための
pentru moment	当分、今のところ
pentru puțin	どういたしまして / 大したことはありません
penultim ペヌルティム	形 後ろから2番目の
pepene galben ペペネ ガルベン	男 メロン
pepene verde ペペネ ヴェルデ	男 スイカ
perdea ペルデア	女 カーテン (複 perdele ペルデレ)
pereche ペレケ	女 一組、一対
perete ペレテ	男 壁
perfect ペルフェクト	形 完全な、完璧な / 副 完全に、完璧に
pericol ペリコル	中 危険
Pericol de foc!	火気厳禁!
periculos ペリクロス	形 危ない、危険な
perie ペリイェ	女 ブラシ
periferic ペリフェリク	形 郊外の
periferie ペリフェリイェ	女 郊外
perișoare ペリショアレ	女複 肉団子、ミートボール

periuță de dinți ペリウツァー デ ディンツィ	女 歯ブラシ
permis ペルミス	中 許可、許可証
permis de conducere auto	（自動車）運転免許証
permisiune ペルミスィウネ	女 許可、認可、許し
permite ペルミテ	動 許す、許可する
a-și *permite* să ...	敢えて…する
pernă ペルナー	女 枕、クッション
persoană ペルソアナー	女 人、人物
personal ペルソナル	形 個人の、個人的な、私的な
tren *personal*	普通列車
	中 スタッフ、職員、乗務員
pescar ペスカル	男 漁師、漁夫
pescărit ペスカリト	中 漁業
pescui ペスクイ	動 魚を釣る、釣り上げる
pescuit ペスクイト	中 魚釣り
pesimist ペスィミスト	男 悲観論者 / 形 悲観的な
peste ペステ	前 …を越えて、…以上に、…後に
peste tot	至る所に、至る所で
pește ペシテ	男 魚、魚類
peșteră ペシテラー	女 洞窟
petrece ペトゥレチェ	動 見送る；過ごす
se petrece	再 起こる、生じる
petrecere ペトゥレチェレ	女 楽しみ、遊び、娯楽、宴会
petrol ペトゥロル	中 石油
petrolier ペトゥロリイェル	形 石油の / 中 タンカー
pian ピアン	中 ピアノ
pianist ピアニスト	男 ピアニスト

piatră ピアトゥラー	女 石、石材（複 pietre ピエトゥレ）
piață ピアツァー	女 広場、市場（複 piețe ピエツェ）
picătură ピカトゥラー	女 滴（複 picături ピカトゥリ）
picior ピチォル	中 足、脚（複 picioare ピチォアレ）
pictor ピクトル	男 画家
pictură ピクトゥラー	女 絵画
pictură în ulei	油絵
piele ピエレ	女 革、皮、皮膚
piept ピエプト	中 胸、胸部；乳房
ține *piept*	…に抵抗する
pieptăna ピエプタナ	動（他人の髪を櫛で）すく
se pieptăna	再（自分の髪を櫛で）とかす
pieptene ピエプテネ	男 櫛
pierde ピエルデ	動 失う、なくす；負ける
pierde din vedere	見失う、見落とす
se pierde	再 なくなる、消失する
pierdut ピエルドゥト	形 失われた；死んだ
pieri ピエリ	動 滅ぶ、破滅、死ぬ、姿を消す
piersici ピエルスィチ	女複 桃（単 piersică ピエルスィカー）
piesă ピィエサー	女 部品；脚本
piese de schimb	予備部品
pieton ピィエトン	男 歩行者
pijama ピジャマ	女 パジャマ；寝間着
pili ピリ	動（ヤスリで）削る、ヤスリをかける
pilot ピロト	男 パイロット、操縦士
piper ピペル	男 胡椒
pisică ピスィカー	女 猫、雌猫
pisoi ピソィ	男（雄の）子猫

pistă ピスター	女 滑走路
pistă de alergări	(陸上競技の)トラック
pix ピクス	中 ボールペン（複 pixuri ピクスリ）
pizza ピツァ	女 ピザ
placat プラカト	形 メッキした
plajă プラジャー	女 海水浴場、砂浜；日光浴
plan プラン	中 計画、企画
planetă プラネター	女 惑星
planifica プラニフィカ	動 計画する、計画を組む
planta プランタ	動 植える、栽培する
plantă プランター	女 植物（複 plante プランテ）
plapumă プラプマー	中 (掛け)布団
plasă プラサー	女 ネット、網
plastic プラスティク	形 プラスチックの
produs *plastic*	プラスチック製品
plat プラト	形 平らな、平板な；プレーン（女 plată プラター）
apă *plată*	プレーン水、ガスなし水
plată プラター	女 支払い、給料、報酬
plată în numerar	現金払い
platină プラティナー	女 プラチナ
plăcea プラチェア	動 気に入る、好む、好きである
plăcere プラチェレ	女 気に入ること、好み
de *plăcere* ...	楽しみで…
(Eu) Cânt de *plăcere*.	(私は)楽しみで歌っている。
Îmi face *plăcere* să	(私は)喜んで…する。
plăcintă プラチンター	女 パイ
plăcut プラクト	形 愉快な、楽しい、心地よい

plămâni プラムニ	男 複 肺
plănui プラヌイ	動 計画する
se plănui	再 計画される
plăpând プラプンド	形 弱々しい、虚弱な、もろい
plăteşte (se -) プラテシテ（セ～）	再 （3人称のみ）支払われる
plăti プラティ	動 払う、支払う
plânge プルンジェ	動 泣く
plângere プルンジェレ	女 訴え、嘆願
plânset プルンセト	中 泣くこと、泣き声
pleca プレカ	動 出発する、出かける；発車する
plecare プレカレ	女 出発、発車
plecăciune プレカチゥネ	女 お辞儀、低頭
plic プリク	中 封筒（複 plicuri プリクリ）
plictis プリクティス	中 憂鬱
plictiseală プリクティセアラー	女 退屈
plictisi プリクティスィ	動 退屈させる、飽き飽きさせる
se plictisi	再 退屈する、飽きる
plictisit プリクティスィト	形 退屈した、飽き飽きした
plictisitor プリクティスィトル	形 飽き飽きするような、退屈な
plimba プリムバ	動 散歩させる
se plimba	再 散歩する
plimbare プリムバレ	女 散歩
ploaie プロアイエ	女 雨
ploaie torenţială	豪雨
ploua プロウァ	動 雨が降る
pluti プルティ	動 漂う、浮く、浮遊する
plutire プルティレ	女 漂うこと、浮遊
poartă ポアルター	女 門、入口

poate ポアテ	副 多分、おそらく
pod ポド	中 橋；屋根裏
podea ポデア	女 床、床板
podiş ポディシ	中 高原
poet ポイェト	男 詩人
poezie ポイエズィイェ	女 詩
poftă (de mâncare) ポフタ (デ ムンカレ)	女 食欲
Poftă bună!	頂きます。
face *poftă* de mâncare	食欲をそそる
poimâine ポイムィネ	副 明後日
pol ポル	男 極地点、極
Polul Nord	北極
Polul Sud	南極
polen ポレン	中 花粉
policlinică ポリクリニカー	女 診療所
politeţe ポリテツェ	女 丁寧さ、礼儀
politic ポリティク	形 政治の、政治上の
politică ポリティカー	女 政治
politicos ポリティコス	形 丁寧な、礼儀正しい
	副 丁寧に、礼儀正しく
Vorbeşte mai *politicos*!	もっと丁寧に話しなさい！
poliţie ポリツィイェ	女 警察
poliţist ポリツィスト	男 警官
polonez ポロネズ	男 ポーランド人（女 poloneză ポロネザー）
Polonia ポロニア	名 ポーランド
polonic ポロニク	中 おたま
polua ポルア	動 汚す、汚染する

poluare ポルアレ	女 汚染；公害
pom ポム	男 木、樹木
pom de Crăciun	クリスマスツリー
pomi fructiferi	果樹
pompă ポムパー	女 ポンプ
pompieri ポムピイェリ	男 複 消防士
popor ポポル	中 人民、国民
poposi ポポスィ	動 一時滞在する、泊まる；休止する
popular ポプラル	形 人民の、大衆の、民衆の
populație ポプラツィイェ	女 人口
porc ポルク	男 豚
carne de *porc*	豚肉
porni ポルニ	動 出発する、動き出す、始まる
port ポルト	中 港
portmoneu ポルトゥモネウ	中 小銭入れ
portocală ポルトカラー	女 オレンジ（複 portocale ポルトカレ）
suc de *portocale*	オレンジジュース
portocaliu ポルトカリゥ	形 オレンジ色の
portofel ポルトフェル	中 財布
portret ポルトゥレト	中 肖像、肖像画
portughez ポルトゥゲズ	男 ポルトガル人（女 portugheză ポルトゥゲザー）
porție ポルツィイェ	女 一人前の食事、部分、分け前、一人分
porumb ポルムブ	男 トウモロコシ
porumbel ポルムベル	男 鳩（複 porumbei ポルムベィ）
poseda ポセダ	動 所有する、…を持っている

posibil ポスィビル	形 可能な（女 posibilă ポスィビラー）
fi *posibil*	可能である、可能性がある
Este *posibil* să vină.	（彼／彼女は）来る可能性がある。
posibilitate ポスィビリタテ	女 可能性
poșetă ポシェター	女 ハンドバッグ、手提げ鞄
poștal ポシタル	形 郵便の
timbre *poștale*	郵便切手
mandat *poștal*	郵便為替
poștaș ポシタシ	男 郵便配達人
poștă ポシター	女 郵便、郵便局、ポスト
potecă ポテカー	女 山道、小道
potrivi ポトゥリヴィ	動 適合させる、一致させる
se potrivi	再 一致する、適合する；調節する
potrivire ポトゥリヴィレ	女 適合、一致；調節
poveste ポヴェステ	女 おとぎ話、物語
poziție ポズィツィイェ	女 立場、位置
poznă ポズナー	女 いたずら
practic プラクティク	形 実状の、実践の、実習の
practica プラクティカ	動 実践する、実習する
praf プラフ	中 ほこり、塵、粉末
prag プラグ	中 敷居
praz プラズ	男 長ねぎ
prăbuși プラブシ	動 倒す、墜落する、崩壊させる
se prăbuși	再 倒れる、崩壊する、崩れる
prăji プラジ	動 （油で）揚げる、炒める
prăjină プラジナー	女 竿、棒
prăjituri プラジトゥリ	女複 ケーキ（単 prăjitură プラジトゥラー）

prânz プルンズ	中 昼；昼食
după *prânz*	午後
prea プレア	副 あまりにも、極めて
Se *prea* poate.	十分に有りそうなことだ。
precum プレクム	接 …のように、…と同じように
precum și ...	…もまた、及び
preda プレダ	動 手渡す、引き渡す；教える
preda limba engleză	英語を教える
prefăcut プレファクト	形 見せかけの、猫かぶりの
prefectură プレフェクトゥラー	女 県
prefera プレフェラ	動 （〜より）…を好む
pregăti プレガティ	動 用意する、準備する；予習する
pregăti mâncare	料理する
prelungi プレルンジィ	動 延長する
preșcolar プレシコラル	形 就学前の
președinte プレシェディンテ	男 大統領、社長、会長、議長
pretext プレテクスト	中 口実、言い訳
sub *pretext* că ...	…と言う口実で
pretutindeni プレトゥティンデニ	副 至る所に、至る所で
preț プレツ	中 値段、価格、価値
preț de vânzare	販売価格
prețios プレツィオス	形 貴重な、価値のある
prevedea プレヴェデア	動 予見する、予想する
prevedere プレヴェデレ	女 予見、予想、予報
preveni プレヴェニ	動 予防する、防止する
prezenta プレゼンタ	動 提示する、提出する；上演する；紹介する
se prezenta	再 自己紹介する；出頭する

prezentare プレゼンタレ	女 紹介
priceput プリチェプト	形 上手な、巧みな
prieten プリィェテン	男 友達、友人
prieten intim	親友
prietenie プリィェテニィェ	女 友情、友好
prietenos プリィェテノス	形 友情のある
prim-ajutor プリム アジュトル	中 救急
primar プリマル	男 市（区、町、村）長
primărie プリマリィェ	女 （町、村）役場；市（区）役所
primăvară プリマヴァラー	女 春
primejdios プリメジディオス	形 危ない
primi プリミ	動 受取る、貰う；迎える
primire プリミレ	女 歓迎；受入れ、貰うこと
prim-ministru プリム ミニストゥル	男 首相
primul プリムル	序数 第1の（女 prima プリマ）
în *primul* rând	第一に
prin プリン	前 …を通って、…の中を、…によって、…を通じて
prin urmare	したがって
principal プリンチパル	形 主な
principiu プリンチピゥ	中 原理、原則
prinde プリンデ	動 掴む、捕まえる、取る
printre プリントゥレ	前 …の中に、…の間に、…のうちに
printre altele	その中で
privi プリヴィ	女 見つめる、眺める、見る
privi de sus	見下ろす；軽蔑する
privire プリヴィレ	女 視線
cu *privire* la ...	..に関して、…に関する

priză プリザー	女	プラグ、コンセント、差し込み
proaspăt プロアスパト	形	新鮮な、爽やかな
proba プロバ	動	試す、試してみる、実験する
se proba	再	試される、実験される
probabil プロバビル	副	多分、恐らく
problemă プロブレマー	女	問題
procent プロチェント	中	パーセント
produs プロドゥス	中	製品
profesie プロフェスィイェ	女	職業
profesional プロフェスィオナル	形	職業の
profesionist プロフェスィオニスト	男	専門家
profesoară プロフェソアラー	女	女性教授、女性教師
profesor プロフェソル	男	教授、教師、先生
profit プロフィト	中	利潤、利益
trage *profit* din ...		…から利益を引き出す
profita プロフィタ	動	利用する
profund プロフンド	形	深い、深遠な（女 profundă プロフンダー）
program プログラム	中	番組、プログラム
program de televiziune		テレビ番組
programa プログラマ	動	プログラムに組む、予定する
progresa プログレサ	動	進歩する
promisiune プロミスィウネ	女	約束
promite プロミテ	動	約束する
pronunța プロヌンツァ	動	発音する
proporție プロポルツィイェ	女	割合、比率
proprietar プロプリイェタル	男	家主、地主；持主、所有者
propune プロプネ	動	提案する
se propune	再	提案される

propunere プロプネレ	女 提案
prosop プロソプ	中 手拭、タオル
prost プロスト	形 愚かな、馬鹿な；下手な
protector プロテクトル	男 保護者
proteja プロテジャ	動 保護する
provincie プロヴィンチイェ	女 地方、田舎
prudent プルデント	形 用心深い、慎重な
prune プルネ	女 複 すもも、プラム（単 prună プルナー）
public ププリク	中 公衆、観衆、聴衆
	形 公の、公共の、公衆の
publica ププリカ	動 出版する、発行する
pui プイ	男 （鶏の）ひな、ひよこ
pui la rotisor	ローストチキン
pulover プロヴァル	中 プルオーバー
puls プルス	中 脈、脈拍
pulsa プルサ	動 脈打つ、鼓動する
pumn プムン	男 拳
pune プネ	動 置く、納める、据える、入れる
pune în vânzare	売り出す、発売する
pune în mișcare	動き出す
pungă プンガー	女 袋、財布
punte プンテ	女 甲板、デッキ；板橋
pur プル	形 純粋な、真正の / 副 純粋に
pur și simplu	ただ単に
purta プルタ	動 着る、履く；運ぶ
purta pe umeri [în spate]	担ぐ
putea プテア	動 できる、…することができる
se putea	再 可能である

putere プテレ	女 力、勢力、権力
puternic プテルニク	形 強い、強力な、有力な
puțin プツィン	形 少しの、僅かの / 副 少し、僅かに
puțin câte *puțin*	少しずつ
Puțin îmi pasă!	私はちっとも構わない。

R

rac ラク	男 海老（複 raci ラチ）
rade ラデ	動 削る、剃る
se rade	再 ひげを剃る
radiator ラディアトル	中 放熱器、ラジエーター
radiator electric	電気ストーブ
radiație ラディアツィイェ	女 放熱；放射線
radio ラディオ	中 ラジオ
raft ラフト	中 棚
raft de cărți	本棚
raion ライオン	中 コーナー
raion de încălțăminte	履物コーナー
rană ラナー	女 傷、怪我
randament ランダメント	中 効率
rapid ラピド	中 急行（列車）
raport ラポルト	中 報告、レポート
raporta ラポルタ	動 報告する
rar ラル	形 稀な（女 rară ララー）
rareori ラレオリ	副 稀に、たまに
ras ラス	中 ひげ剃り
rată ラター	女 レート
rată de schimb	為替レート

rață ラツァー	女 アヒル（複 rațe ラツェ）
rațional ラツィオナル	形 合理的な
răbda ラブダ	動 我慢する、辛抱する、忍ぶ
răbdare ラブダレ	女 我慢、辛抱
răbdător ラブダトル	形 我慢強い、忍耐強い
răceală ラチェアラー	女 風邪
răci ラチ	動 風邪をひく；冷やす
se răci	再 寒くなる；冷たくなる、冷淡になる
răcoare ラコアレ	女 涼しさ、冷気
răcori (se -) ラコリ (セ〜)	再 涼しくなる、涼しくする
răcoritoare ラコリトアレ	女 清涼（飲料）
răcoros ラコロス	形 涼しい
răgaz ラガス	中 暇、余裕
rămâne ラムネ	動 残る、留まる、余る
rămâne în urmă	遅れる、取り残される
răsărit ラサリト	中 日の出、東
răsfoi ラスフォイ	動 （頁を）めくる
răspândi ラスプンディ	動 普及させる、広げる、広める
se răspândi	再 広まる、広がる、普及する
răspândire ラスプンディレ	女 普及
răspunde ラスプンデ	動 答える、返事する、解答する
răspundere ラスプンデレ	女 責任
răspuns ラスプンス	中 答え、返事、回答；解答
rătăci (se -) ラタチ (セ〜)	再 （道に）迷う
rău ラウ	形 悪い、意地悪な；下手な（女 rea レァ）
	副 悪く、意地悪く
Îmi pare *rău*.	残念です。／お気の毒です。
râde ルデ	動 笑う

rând ルンド	中 行列、(文の) 一行
râs ルス	中 笑い
râu ルゥ	中 川 (複 *râuri* ルウリ)
reacție レアクツィイェ	女 反応、反動
reacționa レアクツィオナ	動 反応する、反動する
real レアル	形 現実的な、実在の
realitate レアリタテ	女 現実
în *realitate*	実のところ、実際には、現実に
realiza レアリザ	動 実現する
reaminti (a-și -) レアミンティ(アシ~)	再 思い出す
recapitula レカピトゥラ	動 要点を繰り返す
rece レチェ	形 冷たい
recent レチェント	形 最近の、近頃の
recepție レチェプツィイェ	女 受付
recepționa レチェプツィオナ	動 受け入れる
reciproc レチプロク	形 相互の、お互いの
reclamă レクラマー	女 広告、宣伝
recolta レコルタ	動 収穫する
recoltă レコルター	女 収穫
recomanda レコマンダ	動 薦める
recomandare レコマンダレ	女 勧告、推薦、薦めること
recomandat レコマンダト	形 推薦された;書留の
recreație レクレアツィイェ	女 休憩
recruta レクルタ	動 募集する
recunoaște レクノアシテ	動 認める
se recunoaște	再 認められる
recunoștință レクノシティンツァー	女 感謝
redactor レダクトル	男 (新聞、雑誌など) 編集者

redare レダレ	女 (録音の) 再生
reduce レドゥチェ	動 減らす、削減する
reducere レドゥチェレ	女 値下げ、割引、削減
redus レドゥス	形 割引した；少ない
refuza レフザ	動 拒む、断る
regim レジィム	中 制度、政体、体制
regim parlamentar	議会政治（制度）
registru レジストゥル	中 帳簿、登記簿
regiune レジゥネ	女 地方；地域
regla レグラ	動 調節する、調整する
regret レグレト	中 悔い、後悔
regreta レグレタ	動 後悔する
regretabil レグレタビル	形 悔しい、惜しむべき
regulă レグラー	女 規則
Este în *regulă*.	大丈夫だ。
reîncălzi レウンカルズィ	動 温めなおす
reîntâlni レウントゥルニ	動 再会する
relație レラツィイェ	女 関係（複 relații レラツィイ）
renumit レヌミト	形 有名な
pictor *renumit*	有名な画家
renunța レヌンツァ	動 あきらめる
reorganiza レオルガニザ	動 再組織する
repara レパラ	動 繕う、修繕する、修理する
reparație レパラツィイェ	女 修理
repede レペデ	形 早い、素早い／副 早く、素早く
reper レペル	中 目印
repeta レペタ	動 復習する、繰り返す
repetiție レペティツィイェ	女 繰り返し、練習

replică レプリカー	女	返答；余震（複 replici レプリチ）
reprezenta レプレゼンタ	動	代表する、上演する
reprezentativ レプレゼンタティヴ	形	代表的な
republică レプブリカー	女	共和国
respect レスペクト	中	敬意
respecta レスペクタ	動	敬う、尊敬する
respira レスピラ	動	呼吸する
respirație レスピラツィイェ	女	呼吸
rest レスト	中	残り；残高、釣銭
restaurant レスタウラント	中	レストラン
rețetă レツェター	女	処方箋
reuși レウシ	動	合格する、成功する
reușită レウシター	女	合格
revedere レヴェデレ	女	再会
La *revedere*!		さようなら。
revistă レヴィスター	女	雑誌
rezerva レゼルヴァ	動	予約する
rezervare レゼルヴァレ	女	予約
rezolva レゾルヴァ	動	解決する、解く
se rezolva	再	解決される
rezultat レズルタト	中	結果、結末、成果；成績
rezumat レズマト	中	要約、レジュメ、概略
ridica リディカ	動	持ち上げる、上げる、高める
se ridica	再	立つ、立ち上がる、起きる；高くなる
robinet ロビネト	中	水道栓、蛇口
robust ロブスト	形	丈夫な、たくましい、強い
rochie ロキイェ	女	ドレス、ワンピース
rod ロド	中	実り、果実；成果（複 roade ロァデ）

rodii ロディイ	女 複 ザクロの実 （単 rodie ロディイェ）
rodnic ロドニク	形 成果のある、実り多い
roi ロィ	中 みつばちなどの群れ
rol ロル	中 役割
roman ロマン	中 長編小説、物語
romancier ロマンチイェル	男 小説家
român ロムン	男 ルーマニア人（女 româncă ロムンカー）
limba *română*	ルーマニア語
românesc ロムネスク	形 ルーマニア風の、ルーマニア産の（女 românească ロムネァスカー）
românește ロムネシテ	副 ルーマニア風に、ルーマニア語で
România ロムニア	名 ルーマニア
roși ロシ	動 赤く染める、赤くする
se roși	再 赤くなる
roșie ロシイェ	女 トマト （複 roșii ロシィ）
roșu ロシゥ	形 赤い、赤色の （女 roșie ロシイェ）
rotație ロタツィイェ	女 回転、旋回；交替
roti (se -) ロティ（セ～）	再 回転する、回る
rotund ロトゥンド	形 丸い、円形の、球形の
roz ロズ	形 バラ色の、桃色の （女 roză ロザー）
rucsac ルクサク	中 リュックサック
rudă ルダー	女 親類、肉親 （複 rude ルデ）
rufe ルフェ	女 複 洗濯物
ruga ルガ	動 願う、頼む
se ruga	再 祈る
rugăciune ルガチゥネ	女 祈り
rugăminte ルガミンテ	女 頼み、願い
ruj ルジ	中 口紅

rupe ルペ	動 裂く、破る
se rupe	再 破れる、切れる；断絶する
rupt ルプト	形 破れた、ぼろぼろの
rural ルラル	形 田舎の、農村の、田園の
rus ルス	男 ロシア人（女 rusoaică ルソアイカー）
rusesc ルセスク	形 ロシアの、ロシア式の
ruseşte ルセシテ	副 ロシア風に、ロシア語で
Rusia ルスィア	名 ロシア
ruşina ルシナ	動 恥をかかせる
se ruşina	再 恥じる、恥ずかしがる
ruşine ルシネ	女 恥、恥辱
Mi-e *ruşine*.	私は恥ずかしい。
ruşinos ルシノス	形 恥ずかしい（女 ruşinoasă ルシノアサー）
rută ルター	女 ルート、道筋、旅程
rutier ルティイェル	形 道路の

S

sa (a -) サ (ア 〜)	代 (所有) 彼のもの、彼女のもの、自分のもの（複 ale sale アレ サレ）
sa サ	形 (所有) 彼の、彼女の、自分の
sacoşă サコシァー	女 袋
salam サラム	中 サラミ
salariat サラリアト	男 会社員、サラリーマン
salariu サラリゥ	中 給料
salată サラター	女 サラダ；サラダ菜
sală サラー	女 広間、室
sală de gimnastică	体育館
sală de aşteptare	待合室

saltea サルテア	女 マットレス
salut サルト	中 挨拶
saluta サルタ	動 挨拶する
se saluta	再 お互いに挨拶する
salva サルヴァ	動 救う、救助する、助ける
salvare サルヴァレ	女 救急車
vestă de *salvare*	救命胴衣
sandale サンダレ	女 複 サンダル
sandviș サンドゥヴィシ	中 サンドイッチ
sanguin サングイン	形 血の、血液の
grupă *sanguină*	血液型
sarcină サルチナー	女 任務、負担；妊娠
sare サレ	女 塩
sarmale サルマレ	女 複 ロールキャベツ
satisfacție サティスファクツィイェ	女 満足
satisfăcut サティスファクト	形 満足した
sau サウ	接 または、それとも、あるいは
sădi サディ	動 植える、植えつける
săgeată サジェアター	女 矢（複 săgeți サジェツィ）
sălbatic サルバティク	形 野蛮な、野生の
sămânță サムンツァー	女 種、種子（複 semințe セミンツェ）
sănătate サナタテ	女 健康
Ai [Aveți] grijă de *sănătate*!	健康にお気をつけてください。
sănătos サナトス	形 健康な、元気な （女 sănătoasă サナトァサー）
săptămânal サプタムナル	形 毎週の、週刊の、週間の
săptămână サプタムナー	女 週、週間
săptămâna aceasta	今週

săptămâna trecută	先週
săptămâna viitoare	来週
săpun サプン	中 石鹸
săpun de față	洗顔石鹸
săra サラ	動 塩加減する
sărac サラク	男 貧乏人 / 形 貧しい、貧弱な
sărat サラト	形 しょっぱい、塩辛い、塩味のある
sărăcie サラチィエ	女 貧困、貧窮
sărbătoare サルバトァレ	女 祭り、祝日、祭日
sărbători サルバトリ	動 祭る、祝う、祝福する
se sărbători	再 祝福される
sări サリ	動 跳ぶ、跳躍する
săritură サリトゥラー	女 跳躍
săritură în lungime	走り幅跳び
sătul サトゥル	形 満腹した
său (al -) サゥ (アル 〜)	代 (所有) 彼のもの、彼女のもの、自分のもの (複 ai săi アィ サィ)
său サゥ	形 (所有) 彼の、彼女の、自分の
sâmbătă スムバター	女 土曜日
sânge スンジェ	中 血、血液
analiza *sângelui*	血液検査
sângera スンジェラ	動 出血する、血がにじむ
sârb スルブ	男 セルビア人(女 sârboaică スルボァイカー)
sârbesc スルベスク	形 セルビア風の
sârbește スルベシテ	形 セルビア風に、セルビア語で
sârguincios スルグインチォス	形 勤勉な
sârguință スルグインツァー	女 努力、勤勉さ

scară スカラー	女 階段；規模（複 scări スカリ）
scară rulantă	エスカレーター
scaun スカウン	中 椅子
scădea スカデア	動 低下する、減る；引き算する
scădere スカデレ	女 低下、切り下げ；引き算
scăzut スカズト	形 低下した、低い
scânteie スクンテイェ	女 火花
schi スキ	中 スキー
schia スキア	動 スキーをする
schimb スキムブ	中 交換、交流、交代；両替
schimba スキムバ	動 変える；交代させる；乗り換える
schimbare スキムバレ	女 変更；変化、交代
sclipi スクリピ	動 きらめく、輝く
sclipire スクリピレ	女 きらめき、輝き
sclipitor スクリピトル	形 輝かしい（女 sclipitoare スクリピトァレ）
scoate スコアテ	動 出す、抜く、引っ張り出す
scobitoare スコビトァレ	女 爪楊枝（複 scobitori スコビトリ）
scoică スコイカー	女 貝（複 scoici スコイチ）
scop スコプ	中 目的、目標
cu *scopul* de a ...	…（する）ために、…の目的で
scor スコル	中 スコア、得点
scrie スクリイェ	動 書く
scriitor スクリイトル	男 作家（女 scriitoare スクリイトァレ）
scrisoare スクリソァレ	女 手紙（複 scrisori スクリソリ）
scula スクラ	動 起こす、立てる、目を覚ませる
se scula	再 起きる、立つ、目が覚める
sculat スクラト	形 目覚めた、立った、起き上がった
sculptor スクルプトル	男 彫刻家

sculptură スクルプトゥラー	女	彫刻
scump スクンプ	形	高い、高価な、貴重な
scumpi スクンピ	動	値上げする
se scumpi	再	値段が上がる
scund スクンド	形	背が低い（女 scundă スクンダー）
scurge スクルジェ	動	流出させる
se scurge	再	流出する
scurgere スクルジェレ	女	排水、流出
scurt スクルト	形	短い
scurta スクルタ	動	短くする；縮める
se scurta	再	短くなる；縮む
scuti スクティ	中	免除する
scutire スクティレ	女	免除
scutire de taxe		免税
scutit スクティト	形	免除された
mărfuri [obiecte] *scutite* de taxe		免税品
scuza スクザ	動	弁解を聞き入れる、許す
se scuza	再	言い訳する、詫びる
scuză スクザー	女	言い訳、詫び、弁解
seamă セアマー	女	(この単語単独では使用しない)
băga de *seamă*		注意する、気がつく
ține *seamă* de ...		…を考慮に入れる
de *seamă*		重要な、値打ちのある
mai cu *seamă*		特に、取り分け
seară セアラー	女	夕方、晩
secară セカラー	女	ライ麦
secol セコル	中	世紀
secret セクレト	中	秘密、内緒

secretar セクレタル	男 書記、秘書官
	(女 secretară セクレタラー)
sector セクトル	中 区、部門、分野
secundă セクンダー	女 秒
sediu セディゥ	中 本部
semafor セマフォル	中 信号機
semn セムン	中 記号、合図、兆し
semn de carte	しおり
semna セムナ	動 署名する
semnal セムナル	中 信号、合図
semnala セムナラ	動 合図する
semnaliza セムナリザ	動 信号を出す
semnătură セムナトゥラー	女 署名、サイン
semnifica セムニィフィカ	動 意味する
semnificativ セムニィフィカティヴ	形 意味深い、意義深い
semnificație セムニィフィカツィイェ	女 意義
senin セニン	形 晴れた
sens センス	中 意味
sensibil センスィビル	形 敏感な、感受性の強い
sentiment センティメント	中 感情、感じ
	(複 sentimente センティメンテ)
septembrie セプテムブリィェ	男 9月
Serbia セルビア	名 セルビア
serie セリィェ	女 連続、一連、シリーズ
serios セリオス	形 真面目な (女 serioasă セリオァサー)
sertar セルタル	中 引き出し
serviciu セルヴィチゥ	中 仕事
servietă セルヴィイェター	女 紙入れ、折鞄

sete セテ	女 (喉の) 渇き
fi *sete*	喉が渇く
sever セヴェル	形 厳しい、厳密な(女 severă セヴェラー)
sezon セゾン	中 季節、シーズン
sezon ploios	雨季
sfat スファト	中 助言、相談、忠告
sfătui スファトゥイ	動 助言を与える、忠告する
se sfătui	再 相談する、…に助言を求める
sfârşi スフルシ	動 終える
se sfârşi	再 終わる
sfârşit スフルシト	中 終わり、結末
la *sfârşit*	終わりに
sfert スフェルト	中 四分の一
sfială スフィアラー	女 内気、はにかみ
fără *sfială*	遠慮せずに
sfios スフィオス	形 内気な、気の弱い
sfoară スフォアラー	女 ひも
lega cu *sfoară*	ひもで結ぶ
trage pe *sfoară*	だます
sigur スィグル	形 確かな、確実な、安全な
	副 確かに、確実に
siguranţă スィグランツァー	女 安全、確かさ、安心
cu *siguranţă*	必ず
silitor スィリトル	形 勤勉な、熱心な
simbol スィムボル	中 象徴;記号、符号
simbolic スィムボリク	形 象徴的な
simboliza スィムボリザ	動 象徴する
simfonic スィムフォニク	形 交響楽の

simfonie スィムフォニイェ	女 交響楽、シンフォニー
simplu スィムプル	形 簡単な、単純な
simț スィムツ	中 感じ、感覚
simți スィムツィ	動 感じる、気がする
se *simți* bine	気分がよい
se *simți* singur	孤独を感じる
sincer スィンチェル	形 正直な
sine スィネ	代 (再帰) 自分自身を (対格、強形)
singur スィングル	形 一人ぼっちの / 副 一人で
singuratic スィングラティク	形 孤独の；寂しい
sistem スィステム	中 制度、体系、システム
sistem de învățământ	教育制度
sistematic スィステマティク	形 体系的な
situa スィトゥア	動 据える、位置付ける
se situa	再 位置する
situație スィトゥアツィイェ	女 状況、情勢；立場、境遇
slab スラブ	形 痩せた；弱い、虚弱な
slăbi スラビ	動 痩せる；弱くなる
Slovacia スロヴァチア	女 スロバキア
smochine スモキネ	女複 イチジク
soacră ソアクラー	女 義母、姑
soare ソアレ	男 太陽、日
răsărit de *soare*	日の出
apus de *soare*	日没
soartă ソアルター	女 運命、宿命
sobă ソバー	女 暖炉、ストーブ
sobă cu petrol	石油ストーブ
sociabil ソチアビル	形 社交的な

social ソチアル	形 社会の、社会的な
asigurare *socială*	社会保障
societate ソチエタテ	女 社会；会社
socoteală ソコテアラー	女 勘定、計算
socoti ソコティ	動 数える、勘定する
socru ソクル	男 義父、舅
sofa ソファ	女 長椅子、ソファ
soia ソイア	女 大豆
solicita ソリチタ	動 申請する、要請する
solid ソリド	形 頑丈な、丈夫な
somn ソムン	中 眠り、睡眠
Somn uşor!	おやすみなさい。
somnoros ソムノロス	形 眠い、眠そうな
somon ソモン	男 〈魚〉サケ
soră ソラー	女 姉妹（複 surori スロリ）
sosi ソスィ	動 到着する
sosire ソスィレ	女 到着
soţ ソツ	男 夫（複 soţi ソツィ 夫婦）
număr cu *soţ*	偶数
număr fără *soţ*	奇数
soţie ソツィイェ	女 妻、嫁
spaghete スパゲテ	女（複のみ）スパゲティ
spanac スパナク	中 ほうれん草
Spania スパニア	名 スペイン
spaniol スパニオル	男 スペイン人
	（女 spanioloaică スパニオロァイカー）
spaniolesc スパニオレスク	形 スペインの
spanioleşte スパニオレシテ	副 スペイン風に、スペイン語で

sparge スパルジェ	動 割る、破る、壊す
sparge o ceașcă	カップを割る
sparge tăcerea	沈黙を破る
se sparge	再 割れる；破れる、壊れる
spargere スパルジェレ	女 強盗；割ること
spate スパテ	中 背中、背後、裏
pe la *spate*	裏で、こっそりと
spațiu スパツィウ	中 空間、間
spăla スパラ	動 洗う、洗濯する
se spăla	再 (自分の身体を) 洗う
spălat スパラト	中 洗濯、洗うこと
	形 洗濯された、洗われた
special スペチアル	形 特殊な、特別の / 副 特別に
în *special*	特に、取り分け
specialist スペチアリスト	男 専門家
spera スペラ	動 希望する、望む、期待する
speranță スペランツァー	女 希望、望み
speria スペリア	動 びっくりさせる、怯えさせる
se speria	再 驚く、びっくりする
spinare スピナレ	女 背中、背部
duce în *spinare*	背負って運ぶ
spion スピオン	男 スパイ
spital スピタル	中 病院
splendid スプレンディド	形 素晴らしい、見事な
sport スポルト	中 スポーツ
sportiv スポルティヴ	男 スポーツ選手
sprijin スプリジン	中 支援、後援、支え、支柱
sprijini スプリジニ	動 支援する、後援する、支える

spumă スプマー	女 泡、あく
lua *spuma*	あくを取る
spune スプネ	動 言う、語る
Nu *spune* prostii!	馬鹿なことを言うな！
sta スタ	動 止まる、立ち止まる
El *stă* pe scaun.	彼は椅子に腰かけている。
stabili スタビリ	動 安定させる、定める
se stabili	再 定住する、定着する
stadion スタディオン	中 スタジアム
stație スタツィイェ	女 停留所
stație de autobuz	バス停
staționa スタツィオナ	動 止まる；停車する、留まる
stâlp ストゥルプ	男 柱
stâlp de telegraf	電柱
stâncă ストゥンカー	女 岩、岩石
stâng ストゥング	形 左の（女 stângă ストゥンガー）
partea *stângă*	左側
lua-o [coti / face] la *stânga*	左に曲がる、左側に行く
stângaci ストゥンガチ	形 下手な；左利きの （女 stângace ストゥンガチェ）
stea ステア	女 星（複 stele ステレ）
steag ステアグ	中 旗
steag național	国旗
sticlă スティクラー	女 ガラス、瓶
stilou スティロウ	中 ペン、万年筆
stima スティマ	動 尊敬する、敬う
stimă スティマー	女 尊敬
stol ストル	中 鳥の群れ

stomac ストマク	中	胃
stomatolog ストマトログ	男	歯科医
stradă ストゥラダー	女	通り、街路（複 străzi ストゥラズィ）
strădui (se -) ストゥラドゥイ (セ ～)	再	努力する、骨を折る
străin ストゥライン	男	外国人、他人
străinătate ストゥライナタテ	女	外国
străluci ストゥラルチ	動	輝く、光る
strâmt ストゥルムト	形	狭い、偏狭な、狭量な
strâmta ストゥラムタ	動	狭くする、狭める
strânge ストゥルンジェ	動	締める；片付ける
strânge şuruburile		ねじを締める
striga ストゥリガ	動	叫ぶ、呼びかける、怒鳴る
strop ストゥロプ	男	水滴、一滴
struguri ストゥルグリ	男複	ぶどう（単 strugure ストゥルグレ）
student ストゥデント	男	学生（女 studentă ストゥデンター）
studia ストゥディア	動	勉強する
studiu ストゥディウ	中	研究、勉学、習作
stupid ストゥピド	形	愚かな
sub スブ	前	…の下に、…の下で、…以下で
subiect スビエクト	中	問題、主題
subsol スブソル	中	地下
subţire スブツィレ	形	薄い、細い
suc スク	中	ジュース
succeda スクチェダ	動	相続する、続く
succes スクチェス	中	成功
dori cuiva *succes*		成功を祈る
succesor スクチェソル	男	相続人、後継者
sud スド	中	南、南部

sufragerie スフラジェリイェ	女	居間
sumar スマル	形	簡略な
suna スナ	動	鳴る
sunet スネト	中	音、音響
supă スパー	女	スープ
supăra スパラ	動	怒らせる、悲しませる
se supăra	再	怒る、立腹する
supărăcios スパラチォス	形	怒りっぽい、怒り易い、短気な
superb スペルブ	形	堂々たる、見事な、素晴らしい
superior スペリオル	形	最上の、上流の、上級の
	男	上司、上役、上官
suprafață スプラファツァー	女	表面、面積
suprapune スプラプネ	動	重ねる
se suprapune	再	重なる
supraviețui スプラヴィエツイ	動	生き残る、生存する
surpriză スルプリザー	女	驚き、思いがけないもの、サプライズ
sus スス	副	上に、上で
susține ススツィネ	動	支持する、支える
sută スター	数	100
sutien スティエン	中	ブラジャー
sutime (o -) スティメ (オ〜)	女	1%

Ş

şah シァフ	中	チェス
şahist シァヒスト	男	チェスのさし手
şaisprezece シァイスプレゼチェ	数	16
şaizeci シァイゼチ	数	60
şal シァル	中	ショール、肩かけ

şampanie シャムパニイェ	女	シャンペン
şampon シャムポン	中	シャンプー
şapcă シャプカー	女	鳥打帽、学生帽
şapte シャプテ	数	7
şaptelea (al -) シャプテレア (アル～)	序数	第7の（女 a şaptea ア シャプテア）
şaptesprezece シャプテスプレゼチェ	数	17
şaptezeci シャプテゼチ	数	70
şase シャセ	数	6
şaselea (al -) シャセレア (アル～)	序数	第6の（女 a şasea ア シャセア）
şcoală シコアラー	女	学校
şcoală elementară		小学校
şcoală gimnazială		中学校
şcolar シコラル	男	児童、(小学校の) 生徒
şedinţă シェディンツァー	女	会議
fi în *şedinţă*		会議中である
şef シェフ	男	長、親方、最高責任者
şeptime シェプティメ	女	七分の一
şervet シェルヴェト	中	手拭、タオル
şervet de masă		ナプキン
şerveţel シェルヴェツェル	中	小さいナプキン、ティシュペーパー
şes シェス	中	平地、平原、野原
şesime シェスィメ	女	六分の一
şi シ	接	そして、…と…、…も…、も
şifonier シフォニエル	中	洋服だんす
şiret シレト	中	靴ひも
	形	ずるい
şmecher シメケル	男	ずるい人間 / 形 悪賢い
şniţel シニツェル	中	カツレツ

şoarece シォアレチェ	男 ねずみ
şofa シォファ	動 運転する
şofer シォフェル	男 運転手、運転者
şosea シォセア	女 舗装道路、幹線道路
şosea naţională	国道
şosete シォセテ	女 複 靴下、ソックス
ştampila シタムピラ	動 押印する
ştampilă シタムピラー	女 スタンプ、印鑑
ştergar シテルガル	中 手拭、タオル
şterge シテルジェ	動 拭く、拭う、消す
şters シテルス	形 消された；無表情な
şti シティ	動 知る、分かる
ştiinţă シティインツァー	女 科学；知識、学識
ştiinţific シティインツィフィク	形 科学的な
ştiri シティリ	女 複 ニュース（単 ştire シティレ）
ştiucă de mare シティウカー デ マレ	女 〈魚〉カマス
şuncă シゥンカー	女 ハム
şurub シゥルブ	中 ねじ（複 şuruburi シゥルブリ）

T

ta (a -) タ（ア～）	代（所有）君のもの（複 ale tale アレ タレ）
ta タ	形（所有）君の
tabel タベル	中 表、一覧表、目録
tablă タブラー	女 金属板；黒板；掲示板
tablă de materii	内容目次
tabletă タブレター	女 錠剤
tablou タブロゥ	中 絵、絵画；パネル
tablou de comandă	制御盤

tacâmuri タクムリ	中 複	食器、食器一揃え
tacit タチト	形	暗黙の
taifun タイフン	中	台風、暴風雨
talie タリィエ	女	サイズ
tampona (se -) タムポナ（セ〜）	再	衝突する
tandru タンドゥル	形	優しい
tarabă タラバー	女	屋台
tare タレ	形	強い、丈夫な、固い
tarif タリフ	中	定価表、価格表
tată タター	男	父親、父
tavan タヴァン	中	天井
tavă タヴァー	女	盆（複 tăvi タヴィ）
taxa タクサ	動	税を課する
taxă タクサー	女	税金、関税
taxă pe venit		所得税
taxi タクスィ	中	タクシー
tăcea タチェア	動	沈黙する、黙る
Taci din gură!		黙りなさい。
tăcere タチェレ	女	沈黙、黙ること
păstra *tăcere*		沈黙を守る
tăia タィア	動	切る；遮断する
tăios タィオス	形	鋭い、鋭利な
tău (al -) タウ（アル〜）	代	（所有）君のもの（複 ai tăi アィ タィ）
tău タウ	形	（所有）君の、あなたの
tânăr トゥナル	男	青年、若者（複 tineri ティネリ）
târg トゥルグ	中	市、市場；取引
târziu トゥルズィウ	形	遅い、晩い / 副 遅く、晩く
te テ	代	（人称）君を、お前を（tu の対格、弱形）

teafăr テァファル	形 無事な
scăpa *teafăr*	無事に助かる
teamă テァマー	女 恐れ、心配
mi-e *teamă* că ...	…ということが心配だ
teatru テアトゥル	中 劇場、芝居
tehnic テフニク	形 技術の、技術上の、技術的な
din punct de vedere *tehnic*	技術的な観点より
tehnică テフニカー	女 技術
tehnician テフニチアン	男 技士、技術家、技術の専門家
tehnologie テフノロジィイェ	女 技術、工学
tehnologie de fabricație	製造技術
telecomandă テレコマンダー	女 リモコン
teleferic テレフェリク	中 ロープウエイ
telefon テレフォン	中 電話
telefona テレフォナ	動 電話する
telefonic テレフォニク	形 電話の
telefonistă テレフォニスター	女 (電話)交換手
telegraf テレグラフ	中 電信機
telegrafie テレグラフィイェ	女 電信
telegramă テレグラマー	女 電報
telegramă de felicitări	祝電
televiziune テレヴィズィウネ	女 テレビジョン
televizor テレヴィゾル	中 テレビ
temă テマー	女 課題、テーマ；宿題
teme (se -) テメ (セ～)	再 恐れる
temperatură テムペラトゥラー	女 温度、気温；熱
temporar テムポラル	形 一時的な、臨時の
ten テン	中 顔色、肌

tendință テンディンツァー	女 傾向
tenis テニス	中 テニス
partidă de *tenis*	テニスの試合
tensiune テンスィウネ	女 緊張；血圧
tenta テンタ	動 誘惑する
tentație テンタツィイェ	女 誘惑
teoretic テオレティク	形 理論的な、理論上の
teren テレン	中 土地、土壌；グランド
teribil テリビル	形 怖い；恐ろしい、すさまじい
teritorial テリトリアル	形 領土の、領土に関する
teritoriu テリトリゥ	中 領土
termen テルメン	中 期限
termina テルミナ	動 終える、完了する、完成する
se termina	再 終わる、完了する；尽きる
terminal テルミナル	形 最後の、終局の、終点の
	中 ターミナル、終点
terminare テルミナレ	女 終了、完了、完成
termos テルモス	中 魔法瓶
test テスト	中 テスト、試験
text テクスト	中 テキスト、原文、本文
tezaur テザウル	中 宝、宝庫、宝物
teză テザー	女 論文
tifon ティフォン	中 ガーゼ
tigaie ティガイェ	女 フライパン
tigru ティグル	男 〈動〉トラ
timbru ティムブル	中 切手（複 timbre ティムブレ）
timid ティミド	形 内気な
timp ティムプ	中 時間、時刻

tine ティネ	代 (人称) 君を、お前を (tu の対格、強形)
pe *tine* (te...)	君を (…)、お前を (…)
tineresc ティネレスク	形 若者らしい
tineret ティネレト	中 青年層、青年
tinerețe ティネレツェ	女 青春、青年時代
tip ティプ	中 タイプ、典型、類型
tipic ティピク	形 典型的な
titlu ティトゥル	中 表題、題名
toaletă トアレター	女 化粧机、衣装、トイレ
toamnă トアムナー	女 秋
toca トカ	動 刻む、細切れにする
toca mărunt	みじん切りにする
tocmai トクマイ	副 丁度、正に、…のように
tocmai atunci	丁度その時
ton トン	中 調子、音調、音色
tonă トナー	女 (重さの) トン (複 tone トネ)
torențial トレンツィアル	形 急流の、激しい勢いの
tornadă トルナダー	女 旋風；大竜巻
tot トト	代 全部、すべて、何でも；みんな
total トタル	中 総額、総計、合計
	副 全く、全体で、総額で
totdeauna トトゥデアウナ	副 いつも、常に、絶えず
ca în *totdeauna*	相変わらず、依然として
totodată トトダター	副 同時に
totuna トトゥナ	副 同じように、等しく；構わず
Mi-e *totuna*.	私にはどちらでもよい。
totuși トトゥシ	接 けれども、しかしながら
tradiție トゥラディツィイエ	女 伝統

tradițional トゥラディツィオナル	形 伝統的な / 副 伝統的に
traducător トゥラドゥカトル	男 翻訳者
	(女 traducătoare トゥラドゥカトァレ)
traduce トゥラドゥチェ	動 翻訳する、通訳する
trafic トゥラフィク	中 交通、往来；(不正な) 取引
trage トゥラジェ	動 引く、引っ張る、引き出す
trage atenția	注意を引く
trage foloase	利益を引き出す
se trage	再 由来する、起源を持つ
trai トゥライ	中 暮らし、生活
nivel de *trai*	生活水準
trainic トゥライニク	形 永続的な
tramvai トゥラムヴァイ	中 路面電車、市電
trandafir トゥランダフィル	男 〈植〉バラ
transcrie トゥランスクリイェ	動 転記する、書きかえる
transfer トゥランスフェル	中 移転、転勤、譲渡
transforma トゥランスフォルマ	動 変形させる、変える
transformator トゥランスフォルマトル	中 変圧器
transmite トゥランスミテ	動 伝える、伝達する；送信する
se transmite	再 伝えられる、送信される
transparent トゥランスパレント	形 透明な、透き通った
transpira トゥランスピラ	動 汗をかく
transpirație トゥランスピラツィイェ	女 汗、発汗
transport トゥランスポルト	中 輸送、運輸；交通
transporta トゥランスポルタ	動 運ぶ、輸送する、運搬する
se transporta	再 輸送される、運搬される
tranzit トゥランズィト	中 通過
traseu トゥラセウ	中 道筋、経路

trata トゥラタ	動 治療する；もてなす
se trata	再 治療を受ける
tratament トゥラタメント	中 治療
traversa トゥラヴェルサ	動 渡る、横断する
trăi トゥライ	動 生活する、暮らす
treabă トゥレアバー	女 用事、仕事、用件
treaptă トゥレアプター	女 段、階段
câte o *treaptă*	一段ずつ
trebui トゥレブイ	動 (3人称のみ trebuie トゥレブイェ)
	…が必要である、…しなければならない
trecător トゥレカトル	男 通行人 (女 trecătoare トゥレカトァレ)
	形 一時的の、束の間の
trece トゥレチェ	動 通る、通過する、立ち寄る
trecere トゥレチェレ	女 通過、通行、通路
trecere de pietoni	横断歩道
Trecerea oprită!	立ち入り禁止！
trei トゥレイ	数 3
treilea (al ~) トゥレイレァ (アル ~)	序数 第3の (女 a treia ア トゥレイア)
treime トゥレイメ	女 三分の一
treisprezece トゥレイスプレゼチェ	数 13
treizeci トゥレイゼチ	数 30
tremura トゥレムラ	動 震える、びくびくする
tren トゥレン	中 列車、汽車
treptat トゥレプタト	副 段々に、次第に、徐々に
tresări トゥレサーリ	動 びっくりする、震えあがる
trezi トゥレズィ	動 目を覚まさせる、起こす
se trezi	再 起きる
tricou トゥリコウ	中 Tシャツ (複 tricouri トゥリコウリ)

trimite トゥリミテ	動 送る、発送する、派遣する
se trimite	再 送られる、派遣される
trist トゥリスト	形 悲しい
triunghi トゥリウンギ	中 三角、三角形
troleibuz トゥロレイブズ	中 トロリーバス
trompetă トゥロムペター	女 トランペット
tropical トゥロピカル	形 熱帯の
vegetație *tropicală*	熱帯植物
trotuar トゥロトゥアル	中 歩道
trunchi トゥルンキ	中 幹；胴体
tu トゥ	代 (人称) 君、あなた
tuna トゥナ	動 雷が鳴る
tunel トゥネル	中 トンネル
tunet トゥネト	中 雷
turist トゥリスト	男 観光客
turistic トゥリスティク	形 観光の
turna トゥルナ	動 注ぐ；鋳造する
turism トゥリスム	中 観光
tuse トゥセ	女 咳
tutun トゥトゥン	中 タバコ
tutungerie トゥトゥンジェリイェ	女 タバコ屋

Ț

țară ツァラー	女 国、祖国；田舎、地方
țarc ツァルク	中 家畜の囲い、柵
țăran ツァラン	男 農民、百姓 (女 țărancă ツァランカー)
țărănesc ツァラネスク	形 農民の、農民風の、田舎風の
țărm ツァルム	中 岸、川岸、海岸、海辺、渚

țânțar ツンツァル	男 蚊
țâță ツァー	女 乳房
copil de *țâță*	乳飲み子、赤ん坊
țeavă ツェアヴァー	女 管、パイプ、チューブ
țel ツェル	中 目的、目標；標的
a-și atinge *țelul*	目標を達成する
țelină ツェリナー	女 セロリ
țesătură ツェサトゥラー	女 織物
țese ツェセ	動 織る
se țese	再 織られる
țesut ツェスト	中 織ること、はたおり / 形 織った
ți ツィ	代 (人称) 君に、お前に (tu の与格, 弱形)
ție ツィイェ	代 (人称) 君に、お前に (tu の与格, 強形)
țigări ツィガリ	女 複 タバコ (単 *țigară* ツィガラー)
ține ツィネ	動 持つ、握る
ține un discurs	演説する
ține minte	記憶する
ținut ツィヌト	中 地域、地方
țipa ツィパ	動 怒鳴る、わめく、叫ぶ
țipăt ツィパト	中 わめき声
țuică ツイカー	女 ツイカ (ルーマニアの蒸留酒)
țunami / tsunami ツナミ	中 不変 津波

U

Ucraina ウクライナ	名 ウクライナ
ucrainean ウクライネアン	男 ウクライナ人
	(女 ucraineancă ウクライネアンカー)
ucraineană ウクライネアナー	形 ウクライナの

ud ウド	形 濡れた
uda ウダー	動 濡らす
se uda	再 濡れる
udat ウダト	形 濡れた / 中 水をかけること
uimi ウイミ	動 驚かす、びっくりさせる
se uimi	再 驚く、驚嘆する
uimire ウイミレ	女 驚き、驚嘆
uita ウイタ	動 忘れる、失念する
se uita	再 忘れられる；見つめる、眺める
uitat ウイタト	形 忘れられた
ulei ウレイ	中 油
pictură în *ulei*	油絵
ulterior ウルテリオル	形 後の（女 ulterioară ウルテリオァラー）
ultim ウルティム	形 最後の、最近の、最新の
uman ウマン	形 人間の、人間的な
umanitate ウマニタテ	女 人類、人類愛
umăr ウマル	男 肩（複 umeri ウメリ）
umbla ウムブラ	動 歩き回る、うろつく；歩く、歩む
umbră ウムブラー	女 影
umbrelă ウムブレラー	女 傘
umbrelă de soare	日傘
umed ウメド	形 湿った、湿っぽい
umezeală ウメゼアラー	女 湿気、水気
umiditate ウミディタテ	女 湿気、水気
umple ウムプレ	動 満たす；詰める、詰め込む
se umple	再 一杯になる
un ウン	冠 (不定) ある（複 niște ニシテ）
unchi ウンキ	男 伯父、叔父

unde ウンデ	副 どこに、どこへ
undeva ウンデヴァ	副 どこかで、どこかに
unealtă ウネアルター	女 道具（複 unelte ウネルテ）
uneori ウネオリ	副 時々、折々、時には
Ungaria ウンガリア	名 ハンガリー
unghi ウンギ	中 角、角度（複 unghiuri ウンギゥリ）
unghie ウンギイェ	女 爪（複 unghii ウンギイ）
ungur ウングル	男 ハンガリー人 （女 unguroaică ウングロァイカー）
unguresc ウングレスク	形 ハンガリーの
ungureşte ウングレシテ	副 ハンガリー風に、ハンガリー語で
uni ウニ	動 合同させる、結びつける
se uni	再 合同する、結びつく
unic ウニク	形 唯一の、ユニークな
unifica ウニフィカ	動 統一する、合併させる
se unifica	再 統一される、合併する
unificare ウニフィカレ	女 統一、合併
uniformă ウニフォルマー	女 制服
uniformitate ウニフォルミタテ	女 同一、均一性
unilateral ウニラテラル	形 一方的な、一面的な / 副 一方的に
unit ウニト	形 統一した、合併した；連合した
unitate ウニタテ	女 単位；統一
uniune ウニウネ	女 合同；連合、同盟
univers ウニヴェルス	中 世界、宇宙
universal ウニヴェルサル	形 世界の、普遍的な、一般の
magazin *universal*	百貨店、デパート
universitar ウニヴェルスィタル	形 大学の
profesor *universitar*	大学教授

universitate ウニヴェルスィタテ	女 大学
unsprezece ウンスプレゼチェ	数 11
unt ウント	中 バター
unu ウヌ	数 1
unul ウヌル	代 (不定) ある物、ある人（複 unii ウニィ）
uragan ウラガン	中 暴風雨、嵐
urare ウラレ	女 お祝いの言葉
ură ウラー	女 憎しみ、憎悪
urât ウルト	形 醜い、醜悪な
urban ウルバン	形 都市の、都会の、都会風の
urca ウルカ	動 登る、乗る
urca în autobuz	バスに乗る
urcare ウルカレ	女 登り、上り
ureche ウレケ	女 耳（複 urechi ウレキ）
urgent ウルジェント	形 緊急の
urgență ウルジェンツァー	女 救急
uriaș ウリアシ	男 巨人 / 形 巨大な、莫大な
urî ウル	動 憎む、嫌う、恨む
se urî	再 憎み合う
urma ウルマ	動 後に続く、後に従う、後から行く
urmaș ウルマシ	男 後継者
urmă ウルマー	女 跡、痕跡、踏み跡
ajunge din *urmă*	後から追いつく
în cele din *urmă*	結局
urmări ウルマリ	動 追及する、追跡する、尾行する
următor ウルマトル	形 次の（女 următoare ウルマトァレ）
ziua *următoare*	翌日
urs ウルス	男 熊（女 ursoaică ウルソァイカー）

usca ウスカ	動 乾かす、干す
se usca	再 乾く、干からびる
uscat ウスカト	形 乾燥した、乾いた
uscăciune ウスカチゥネ	女 乾燥
uscător ウスカトル	中 乾燥機
uscător de păr	ヘアードライアー
usturoi ウストゥロィ	男 ニンニク
uşă ウシァー	女 ドア、戸口、扉
uşor ウシォル	形 易しい、容易な；軽い
uşura ウシゥラ	動 軽くする、易しくする、楽にする
uza ウザ	動 使い古す、使う
se uza	再 使い古される、磨滅する

V

vacant ヴァカント	形 空いている、空席の
vacanţă ヴァカンツァー	女 休暇、ヴァカンス
vacă ヴァカー	女 雌牛
vag ヴァグ	形 漠然とした、曖昧な
vagon ヴァゴン	中 車両（複 vagoane ヴァゴァネ）
vagon de dormit	寝台車
val ヴァル	中 波（複 valuri ヴァルリ）
valabil ヴァラビル	形 有効な、通用する
valabilitate ヴァラビリタテ	女 有効性、効力
vale ヴァレ	女 谷、渓谷（複 văi ヴァィ）
valiză ヴァリザー	女 トランク、スーツケース
valoare ヴァロアレ	女 価値、値打ち、値段、価格
hârtie de *valoare*	有価証券
pune în *valoare*	開発する

valora ヴァロラ	動	価値がある
valorifica ヴァロリフィカ	動	開発する
valoros ヴァロロス	形	貴重な、大切な、価値ある
vals ヴァルス	中	ワルツ
valutar ヴァルタル	形	外貨の
schimb *valutar*		外国為替
valută ヴァルター	女	外貨
vamal ヴァマル	形	税関の、関税の
declarație *vamală*		税関申告
vamă ヴァマー	女	税関、関税
vameș ヴァメシ	男	税関吏
vanilie ヴァニリイェ	女	バニラ
vapor ヴァポル	中	船、汽船（複 vapoare ヴァポアレ）
vapor de pasageri		客船
vapori ヴァポリ	男複	蒸気、湯気
vară ヴァラー	女	夏（複 veri ヴェリ）
la *vară*		今度の夏に
variabil ヴァリアビル	形	変わり易い
varză ヴァルザー	女	キャベツ（複 verze ヴェルゼ）
vase ヴァセ	中複	食器（単 vas ヴァス）
vast ヴァスト	形	広大な、広い、莫大な
vază ヴァザー	女	花瓶
vă ヴァー	代	（人称）あなた方に、君達に；あなた方を、君達を（voi 及び dumneavoastră の与格・対格、弱形）
văr ヴァル	男	従兄弟
vărsa ヴァルサ	動	こぼす；注ぐ
se vărsa	再	こぼれる、流れ込む、注ぐ

149

vătăma ヴァタマ	動 害する、傷める、傷つける	
văz ヴァズ	中 視覚	
văzduh ヴァズドゥフ	中 空気、空中	
vâna ヴゥナ	動 狩りをする；追いかける	
vânătoare ヴゥナトァレ	女 狩り、狩猟	
câine de *vânătoare*	猟犬	
vânt ヴゥント	中 風	
Bate (Suflă) *vântul*.	風が吹く。	
vânzare ヴゥンザレ	女 販売、売ること	
vânzare cu reducere	割引売り出し	
vânzător ヴゥンザトル	男 売り手、販売員、店員 (女 vânzătoare ヴゥンザトァレ)	
vârf ヴゥルフ	中 頂点、頂上、先端	
vârf de munte	山頂	
vârstă ヴゥルスター	女 年齢	
în *vârstă*	年配の	
vechi ヴェキ	形 古い（女 veche ヴェケ）	
vecin ヴェチン	男 隣人 / 形 隣の	
vedea ヴェデア	動 見る、見通す；目撃する	
se vedea	再 出会う、見える	
vedere ヴェデレ	女 視覚、視力、眺め；絵葉書	
trece cu *vederea*	見逃す、大目に見る	
pune în *vedere*	考慮に入れる；警告する	
avea în *vedere*	考慮する	
vedetă ヴェデター	女 人気俳優	
veni ヴェニ	動 来る	
veni pe lume	生まれる	

venit ヴェニト	中 収入、所得
venit anual	年収、年間所得
verandă ヴェランダー	女 ベランダ
verde ヴェルデ	形 緑色の（複 verzi ヴェルズィ）
verdeaţă ヴェルデアツァー	女 野菜、草木、緑
verifica ヴェリフィカ	動 確かめる、確認する、吟味する
verighetă ヴェリゲター	女 結婚指輪
verişoară ヴェリショアラー	女 従姉妹
veritabil ヴェリタビル	形 真実の、本当の、本物の
vertical ヴェルティカル	形 垂直の、縦の
vesel ヴェセル	形 陽気な、楽しい；愉快な
vest ヴェスト	中 西、西部
veste ヴェステ	女 知らせ、ニュース、噂
fără *veste*	不意に、知らないうちに
vestibul ヴェスティブル	中 玄関、入口の間
vestic ヴェスティク	形 西の、西方の
veşteji (se -) ヴェシテジ（セ～）	再 枯れる、しおれる
vi ヴィ	代 (人称) 君達に、あなた方に (voi 及び dumneavoastră の与格, 弱形)
viaţă ヴィアツァー	女 生命、生活
duce o *viaţă* liniştită	穏やかに暮らす
victimă ヴィクティマー	女 犠牲、犠牲者、被害者
victorie ヴィクトリイェ	女 勝利
victorios ヴィクトリオス	形 勝利を得た
vid ヴィド	中 真空、空虚
	形 空虚な、空の、真空の
video ヴィデオ	中 ビデオ
videocameră ヴィデオカメラー	女 ビデオカメラ

vie ヴィエ	女	ぶどう園
viță de *vie*		ぶどうの木
vierme ヴィエルメ	男	虫、寄生虫（複 viermi ヴィエルミ）
viețui ヴィエツイ	動	生きる
viețuitoare ヴィエツイトアレ	女	生き物
viitor ヴィイトル	中	将来、未来
vijelie ヴィジェリイェ	女	暴風雨
vilă ヴィラー	女	別荘
vin ヴィン	中	ワイン
vină ヴィナー	女	罪
fi de *vină*		罪がある
fără *vină*		無罪の
vinde ヴィンデ	動	売る
vindeca ヴィンデカ	動	病気を治す
se vindeca	再	治る、よくなる
vineri ヴィネリ	女	金曜日
vinete ヴィネテ	女複	なす（単 vânătă ヴゥナター）
vinovat ヴィノヴァト	形	罪のある、有罪の / 男 有罪人
vioară ヴィオアラー	女	バイオリン
vioi ヴィオイ	形	生き生きした、快活な、すばしこい
violet ヴィオレト	形	スミレ色の、紫色の
virus ヴィルス	中	ビールス、病原体
vis ヴィス	中	夢
visa ヴィサ	動	夢を見る
vis-à-vis ヴィザヴィ	副	向かいに
viscol ヴィスコル	中	吹雪
viscoli ヴィスコリ	動	吹雪く
vișiniu ヴィシニゥ	形	えんじ色の

vite ヴィテ	女複 家畜（主として、牛と羊）
creșterea *vitelor*	畜産
viteză ヴィテザー	女 速度、スピード
viu ヴィウ	形 生きている（女 vie ヴィイェ）
viză ヴィザー	女 ビザ、査証
vizita ヴィズィタ	動 尋ねる、訪問する
vizitator ヴィズィタトル	男 訪問者、来客
vizită ヴィズィター	女 訪問
viziune ヴィズィウネ	女 視覚；展望
voastră (a -) ヴォアストゥラー (ア 〜)	代（所有）君達のもの（複 ale voastre アレ ヴォアストゥレ）
voastră ヴォアストゥラー	形（所有）君達の
vocabular ヴォカブラル	中 単語集、語彙
vocal ヴォカル	形 声の
muzică *vocală*	声楽
voce ヴォチェ	女 声
vogă ヴォガー	女 ファッション、流行
voi ヴォイ	代（人称）あなた達が、君達が（主格）
pe *voi* (vă...)	あなた達を、君達を（対格、強形）
voiaj ヴォイアジ	中 旅、旅行
voință ヴォインツァー	女 意志
voios ヴォイオス	形 陽気な、快活な、上機嫌な
volei ヴォレイ	中 バレーボール
volum ヴォルム	中 体積、容積
voluminos ヴォルミノス	形 かさばった、大型の
vomă ヴォマー	女 吐き気
vomita ヴォミタ	動 吐く、吐き出す
vopsea ヴォプセア	女 塗料、染料

vopsi ヴォプスィ	動 塗装する
vorbă ヴォルバー	女 言葉、語、話
vorbi ヴォルビ	動 話す
vorbitor ヴォルビトル	男 話者、話し手
vostru (al ~) ヴォストゥル (アル～)	代 (所有) あなた達のもの (複 ai voştri アィ ヴォシトゥリ)
vostru ヴォストゥル	形 (所有) あなた達の
vot ヴォト	中 票、投票
vota ヴォタ	動 投票する
vouă ヴォウァー	代 (人称) お前達に、君達に (voi の与格、強形)
vrea ヴレァ	動 欲する、…したい
vreme ヴレメ	女 天気; 時代、時期
starea *vremii*	天気予報
vulcan ヴゥルカン	男 火山
vulpe ヴゥルペ	女 〈動〉キツネ
vultur ヴゥルトゥル	男 ワシ

W

watt ヴァト	男 ワット (複 waţi ヴァツィ)
W.C. ヴェチェ	中 トイレ
whisky ウイスキー	中 ウイスキー

X

xilofon クスィロフォン	中 シロフォン、木琴

Y

yen イェン	男 (日本の通貨) 円 (複 yeni イェニ)

Z

zadar (în ~) ザダル（ウン～）	副 無駄に、空しく
zadarnic ザダルニク	形 無駄な、無益な、空しい
muncă *zadarnică*	徒労
zahăr ザハル	中 砂糖
zar ザル	中 さいころ（複 zaruri ザルリ）
zarzavagiu ザルザヴァジゥ	男 八百屋
zarzavat ザルザヴァト	中 野菜
zăpadă ザパダー	女 雪
om de *zăpadă*	雪だるま
zăpușeală ザプシェアラー	女 暑苦しさ、蒸し暑さ
zăpușitor ザプシトル	形 暑苦しい、蒸し暑い
zări ザリ	動 ちらと見かける、ほのかに見る
se zări	再 ほのかに見える
zâmbet ズムベト	中 微笑み
zâmbi ズムビ	動 微笑む
zâmbitor ズムビトル	形 微笑を浮かべた
zbiera ズビェラ	動 叫ぶ、怒鳴る
zbor ズボル	中 フライト、飛行
a-și lua *zborul*	飛び上がる、離陸する
zbura ズブラ	動 飛ぶ、飛行する、飛び出す
zdravăn ズドゥラヴァン	形 健康な、丈夫な、頑丈な
zeamă ゼアマー	女 汁、液
zeamă de lămâie	レモン汁
zece ゼチェ	数 10
zecelea (al ~) ゼチェレア（アル～）	序数 第10の（女 a zecea ア ゼチェア）
zecime ゼチメ	女 十分の一
zeiță ゼイツァー	女 女神

zel ゼル	中 熱心、熱意
cu *zel*	熱心に
zero ゼロ	数 0
zeu ゼゥ	男 神；大物、偉大な人物
zgârci (se -) ズグルチ (セ〜)	再 けちけちする
zgârcit ズグルチト	形 けちな（女 zgârcită ズグルチター）
	男 けちん坊
zgomot ズゴモト	中 騒音
face *zgomot*	音を立てる
zgomotos ズゴモトス	形 騒々しい、やかましい、うるさい
zgudui ズグドゥイ	動 揺さぶる、動揺させる
se zgudui	再 揺れる、動揺する
zguduire ズグドゥイレ	女 揺れ、震動、動揺
zi ズィ	女 日、昼（複 zile ズィレ）
în ultimele *zile*	この数日間
ziar ズィアル	中 新聞
ziarist ズィアリスト	男 新聞記者
zicală ズィカラー	女 ことわざ
zice ズィチェ	動 言う、話す
se zice	再 言われる
zid ズィド	中 壁、石垣
zmeură ズメウラー	女 きいちご
zonă ゾナー	女 ゾーン、地帯、区域、地域
zoologic ゾオロジィク	形 動物学の
grădină *zoologică*	動物園
zorele ゾレレ	女複 〈植〉アサガオ
zori ゾリ	男複 曙、夜明け
în *zori* de zi	夜明けに、明け方に

日本語 → ルーマニア語

挨拶・言葉

おはよう。	**Bună dimineața!** ブナー ディミネァツァ
こんにちは。	**Bună ziua!** ブナー ズィウァ
こんばんは。	**Bună seara!** ブナー セァラ
おやすみなさい。	**Noapte bună!** ノァプテ ブナー / **Somn ușor!** ソムン ウシォル
さようなら。	**La revedere!** ラ レヴェデレ
お元気で。	**Cu bine!** ク ビネ
では、また明日。	**Pe mâine!** ペ ムィネ
じゃあね！	**Pa!** パ
すみません（お願いする時）	**Scuzați ...** スクザツィ
お尋ねしたいことがありますが…	**Aș vrea să vă întreb ceva ...** アシ ヴレア サー ヴァー ウントゥレブ チェヴァ
よろしいですか？	**Se poate?** セ ポァテ
どうぞ。	**Vă rog.** ヴァー ログ / **Poftiți.** ポフティツィ
どうぞお入りください。	**Intrați, vă rog!** イントラツィ ヴァー ログ
どうぞお座りください。	**Luați loc, vă rog!** ルアツィ ロク ヴァー ログ
ありがとう。	**Mulțumesc.** ムルツメスク
ありがとうございます。	**Mulțumesc mult.** ムルツメスク ムルト
ご親切にありがとう。	**(Vă) Mulțumesc pentru amabilitate.** (ヴァー) ムルツメスク ペントゥル アマビリタテ
どういたしまして。	**Cu plăcere.** ク プラチェレ
大したことではありません。	**Pentru puțin.** ペントゥル プツィン
言う	**spune** スプネ 動
何と言いましたか？	**Poftim?** ポフティム / **Ce-ați spus?** チェアツィ スプス
もう一度言ってください。	**Mai spuneți o dată, vă rog!** マイ スプネツィ オ ダター ヴァー ログ

話す	**vorbi** ヴォルビ 動
もっとゆっくり話してくれますか？	**Puteți să vorbiți mai rar?** プテツィ サー ヴォルビツィ マイ ラル
ようこそ！	**Bine-ai venit!** ビネアィ ヴェニト / **Bine-ați venit!** ビネアツィ ヴェニト
日本へようこそ！	**Bine-ai [Bine-ați] venit în Japonia!** ビネアィ［ビネアツィ］ヴェニト ウン ジャポニア
はじめまして。	**Mă bucur să vă cunosc.** マー ブクル サー ヴァー クノスク
申し訳ありません。	**Îmi cer scuze.** ウミ チェル スクゼ
何でもありません。	**Nu face nimic.** ヌ ファチェ ニミク
名前	**nume** ヌメ 中
お名前は？	**Cum vă numiți?** クム ヴァー ヌミツィ
私の名前は…	**Numele meu este ...** ヌメレ メゥ イェステ / **(Eu) Mă numesc ...** （イェゥ）マー ヌメスク
お会いできて嬉しいです。	**Încântat de cunoștință.** ウンクンタト デ クノシティンツァー ＊主語が女性なら **încântată** ウンクンタター
乾杯！	**Noroc!** ノロク
お元気ですか？	**Ce mai faceți?** チェ マイ ファチェツィ
元気？（親しい人に）	**Ce faci?** チェ ファチ / **Ce mai faci?** チェ マイ ファチ
ありがとう、元気です。	**Mulțumesc, bine.** ムルツメスク ビネ
君は？	**Dar tu?** ダル トゥ
あなたは？	**Dar dumneavoastră?** ダル ドゥムネアヴォアストゥラー
宜しく伝える	**transmite salutări** トゥランスミテ サルタリ
お母さんに宜しくお伝えください。	**Salutări mamei tale!** サルタリ マメィ タレ

数

0	**zero** ゼロ
1	**unu** ウヌ
2	**doi** ドィ
3	**trei** トゥレィ
4	**patru** パトゥル
5	**cinci** チンチ
6	**şase** シァセ
7	**şapte** シァプテ
8	**opt** オプト
9	**nouă** ノウァー
10	**zece** ゼチェ
11	**unsprezece** ウンスプレゼチェ
12	**doisprezece** ドィスプレゼチェ
13	**treisprezece** トゥレィスプレゼチェ
14	**paisprezece** パィスプレゼチェ
15	**cincisprezece** チンチスプレゼチェ
16	**şaisprezece** シァィスプレゼチェ
17	**şaptesprezece** シァプテスプレゼチェ
18	**optsprezece** オプトゥスプレゼチェ
19	**nouăsprezece** ノウァスプレゼチェ
20	**douăzeci** ドゥァゼチ
21	**douăzeci şi unu** ドゥァゼチ シ ウヌ
30	**treizeci** トゥレィゼチ
40	**patruzeci** パトゥルゼチ
50	**cincizeci** チンチゼチ
60	**şaizeci** シァィゼチ
70	**şaptezeci** シァプテゼチ

80	**optzeci** オプトゥゼチ
90	**nouăzeci** ノウァゼチ
100	**o sută** オ スター
200	**două sute** ドゥアー ステ
1,000	**o mie** オ ミイェ
百万	**un milion** ウン ミリオン
数 / 数字	**număr** ヌマル 中 (複 numere ヌメレ)
数詞	**numeral** ヌメラル 中
序数詞	**numeral ordinal** ヌメラル オルディナル 中

序数詞には男性と女性があります。作り方：

1 を除いて、

男性形	al +数字+ -lea
女性形	a +数字+ -a

第1の	**primul** プリムル（女 prima プリマ）/ **întâiul** ウントゥイウル（女 întâia ウントゥイア）
第2の	**al doilea** アル ドイレア / **a doua** ア ドウア
第3の	**al treilea** アル トゥレイレア / **a treia** ア トゥレイア
第4の	**al patrulea** アル パトゥルレア / **a patra** ア パトゥラ
第5の	**al cincilea** アル チンチレア / **a cincea** ア チンチェア
第6の	**al şaselea** アル シャセレア / **a şasea** ア シャセア
第7の	**al şaptelea** アル シャプテレア / **a şaptea** ア シャプテア
第8の	**al optulea** アル オプトゥレア / **a opta** ア オプタ
第9の	**al nouălea** アル ノウァレア / **a noua** ア ノウア
第10の	**al zecelea** アル ゼチェレア / **a zecea** ア ゼチェア

カレンダー

カレンダー	**calendar** カレンダル 中
年	**an** アン 男 (複 ani アニ)
毎年 / 年々	în fiecare an / anual
今年	anul acesta
去年	anul trecut
来年	anul viitor
月	**lună** ルナー 女 (複 luni ルニ)
上旬（に）	(în) prima decadă a lunii
中旬（に）	(în) a doua decadă a lunii
下旬（に）	(în) ultimele zece zile ale lunii / (în) ultima decadă a lunii
毎月	în fiecare lună / lunar
月に一度	o dată pe lună
1月	**ianuarie** イァヌァリイェ 男
2月	**februarie** フェブルアリイェ 男
3月	**martie** マルティイェ 男
4月	**aprilie** アプリリイェ 男
5月	**mai** マイ 男
6月	**iunie** イウニイェ 男
7月	**iulie** イウリイェ 男
8月	**august** アゥグスト 男
9月	**septembrie** セプテムブリイェ 男
10月	**octombrie** オクトムブリイェ 男
11月	**noiembrie** ノイェムブリイェ 男
12月	**decembrie** デチェムブリイェ 男
週	**săptămână** サプタムナー 女
週刊の、週間の	săptămânal

週刊誌	revistă săptămânală
週に一回	o dată pe săptămână / săptămânal
日 / 曜日	**zi** ズィ 女 (複 zile ズィレ)
今日は何日ですか?	Ce zi este azi?
月曜日	**luni** ルニ 女
火曜日	**marți** マルツィ 女
水曜日	**miercuri** ミェルクリ 女
木曜日	**joi** ジョイ 女
金曜日	**vineri** ヴィネリ 女
土曜日	**sâmbătă** スムバター 女
日曜日	**duminică** ドゥミニカー 女
平日	**zi lucrătoare** ズィ ルクラトァレ
祭日	**(zi de) sărbătoare** (ズィ デ) サルバトァレ
週末	**sfârșit de săptămână / week-end** スフルシト デ サプタムナー ウィク エンド
週末旅行に出かける	pleca în week-end
祝日	**zi de sărbătoare** ズィ デ サルバトァレ
休日	**zi de odihnă** ズィ デ オディフナー
休暇	**concediu** コンチェディゥ 中
(私は)休日を田舎で過ごす。	(Eu) Îmi petrec concediul la țară.
記念日	**aniversare** アニヴェルサレ 女
誕生日	**zi de naștere** ズィ デ ナシテレ
誕生日を祝う	sărbători ziua de naștere
誕生日おめでとう!	Zi de naștere fericită! / "La mulți ani!"
クリスマス	**Crăciun** クラチゥン 中
クリスマスイブ	Ajunul Crăciunului
復活祭	**Paște** パシテ / **Paști** パシティ 男

季節・気候

季節	**anotimp** アノティムプ 中
春	**primăvară** プリマヴァラー 女
春には花が咲きます。	Primăvara florile înfloresc.
春分	echinocțiu de primăvară
夏	**vară** ヴァラー 女（複 veri ヴェリ）
夏の間に	în timpul verii
夏を過ごす	a-și petrece vara
秋	**toamnă** トァムナー 女
秋口	început de toamnă
秋日和	zi frumoasă de toamnă
冬	**iarnă** イアルナー 女（複 ierni イェルニ）
冬仕度をする	se pregăti de iarnă
冬景色	peisaj de iarnă
天気	**vreme** ヴレメ 女
天気予報	buletin meteo / starea vremii
気候	**climă** クリマー 女
温暖な気候	climă temperată
気温	**temperatură** テムペラトゥラー 女
気温が上がる。	Temperatura crește.
気温が下がる。	Temperatura scade.
暑い	**cald** カルド 形
今日は暑い。	Azi e [este] cald.
寒い	**rece** レチェ 形
寒い季節	anotimp rece
湿気	**umiditate** ウミディタテ 女
湿度が高い。	Gradul de umiditate este înalt.
晴れ	**cer senin** チェル セニン 中 / **senin** セニン 形 /

	vreme frumoasă ヴレメ フルモァサー 女
今日は晴天です。	Azi [cerul] este senin.
雨	**ploaie** プロアイェ 女
にわか雨	ploaie torențială
雨が降る。	Plouă.
雨が降り出す。	Începe să plouă.
曇り	**înnorat** ウンノラト 形
風	**vânt** ヴゥント 中
風が吹く。	Bate vântul. / Suflă vântul.
稲光	**fulger** フルジェル 中
稲光がする。	Fulgeră.
雷	**tunet** トゥネト 中
雷が鳴る。	Tună.
霧	**ceață** チェアツァー 女
霧がかかっている。	Este ceață.
雲	**nor** ノル 男 (複 nori ノリ)
雪	**zăpadă** ザパダー 女
雪が降る。	Ninge.
台風	**taifun** タイフン 中
吹雪	**viscol** ヴィスコル 中
嵐	**furtună** フルトゥナー 中
太陽	**soare** ソァレ 男
太陽が没する。	Soarele apune.
月	**lună** ルナー 女
満月	lună plină
星	**stea** ステア 女 (複 stele ステレ)
空	**cer** チェル 中
虹	**curcubeu** クルクベゥ 中

時　間

時間	**timp** ティムプ 中
少し時間がありますか？	Ai puțin timp?
今日は時間がありません。	Azi nu am timp.
一昨日	**alaltăieri** アラルタイェリ 副
昨日	**ieri** イェリ 副
今日	**azi** アズィ 副
明日	**mâine** ムィネ 副
明日の朝	mâine dimineață
明日の晩	mâine seară
明後日	**poimâine** ポイムィネ 副
毎日	**în fiecare zi** ウン フィイェカレ ズィ
毎日忙しい。	În fiecare zi sunt ocupată.
朝	**dimineață** ディミネアツァー 女
朝早く（から）	dis-de dimineață
昼	**prânz** プルンズ 中
正午	**amiază** アミァザー 女 / **prânz** プルンズ 中
夕方	**seară** セアラー 女
今晩	**astă seară** アスター セアラー
夜	**noapte** ノアプテ 女 (複 nopți ノプツィ)
夜中 / 真夜中	**miezul nopții** ミエズル ノプツィイ
夜中に	la miezul nopții
午前	**dimineață** ディミネアツァー 女
午後に	**după-amiază** ドゥパーアミァザー / **după masă** ドゥパー マサー 副
時	**oră** オラー 女
分	**minut** ミヌト 中 (複 minute ミヌテ)
秒	**secundă** セクンダー 女 (複 secunde セクンデ)

時間の表現

何時ですか?	**Cât e [este] ora?** クト イェ [イェステ] オラ /
	Cât aveți ceasul? クト アヴェツィ チェアスル
3時45分（です）。	(Este ora) Patru fără un sfert.
3時15分（です）。	(Este ora) Trei și un sfert.
2時5分（です）。	(Este ora) Două și cinci minute.
前に	**înainte** ウナインテ 副
少し前に	puțin înainte
前もって	din timp / dinainte
後に	**mai târziu** マイ トゥルズィウ 副 /
	după ドゥパー / **peste** ペステ 前
5分後に	peste [după] cinci minute
早く	**devreme** デヴレメ 副
早起きする	se trezi devreme
遅く	**târziu** トゥルズィウ 副
（彼は）遅くきました。	(El) a venit târziu.
ゆっくり	**încet** ウンチェト /
	fără grabă ファラー グラバー 副
最初に	**în primul rând** ウン プリムル ルンド
最初から	de la început
最後	**final** フィナル / **sfârșit** スフルシト /
	capăt カパト 中
最後の	ultim / final
最後の3分間	ultimele trei minute
最後に / 結局	**în cele din urmă** ウン チェレ ディン ウルマー 副
最近	**recent** レチェント /
	de curând デ クルンド /
	de puțin timp デ プツィン ティムプ 副

167

代名詞・疑問詞

私 / 私達	**eu** イェウ / **noi** ノィ
君（親しい人に対して）	**tu** トゥ
あなた（敬語）	**dumneata** ドゥムネアタ
あなた方、あなた（敬語）	**dumneavoastră** ドゥムネアヴォアストゥラー
君達、あなた達	**voi** ヴォィ
彼 / 彼ら	**el** イェル / **ei** イェィ
彼女 / 彼女ら	**ea** イェア / **ele** イェレ
これ	**acesta** アチェスタ（女 acesta アチェアスタ）
それ / あれ	**acela** アチェラ（女 aceea アチェイェア）
この	**acest** アチェスト 形 (指示)
あの / その	**acel** アチェル 形 (指示)
あの子供は彼女のです。	Acel copil este al ei.
こんな / そんな	**aşa** アシァ / **asemenea** アセメネァ / **astfel de** アストフェル デ 形
誰	**cine** チネ 代 (疑問)
誰と会いますか?	Cu cine te întâlneşti?
何	**ce** チェ 代 (疑問)
これは何ですか?	Ce este aceasta?
どれ	**care** カレ 代 (疑問)
どの	**care** カレ / **ce fel de** チェ フェル デ 形
どの子が彼の子供ですか?	Care este copilul lui?
いくつ	**cât** クト 代 (疑問)（女 câtă クター） / **câţi** クツィ (複)（女 câte クテ）
(それらは)いくつお持ちですか?	Câte ai?
いくら	**cât** クト 代 (疑問)
いくらですか?	Cât costă?

家　族

家族	**familie** ファミリイェ 女
父	**tată** タター 男
母	**mamă** ママー 女
両親	**părinți** パリンツィ 男
両親の	părintesc 形（女 părintească）
息子	**fiu** フィウ 男（複 fii フィイ）
長男	primul băiat
娘	**fiică** フィイカー 女（複 fiice フィイチェ）
姉、妹	**soră** ソラー 女（複 surori スロリ）
兄、弟	**frate** フラテ 男（複 frați フラツィ）
祖父	**bunic** ブニク 男
祖母	**bunică** ブニカー 女
親類	**rudă** ルダー 女（複 rude ルデ）
いとこ	**văr** ヴァル 男
	verișoară ヴェリシォアラー 女
甥	**nepot** ネポト 男
姪	**nepoată** ネポアター 女
孫	**nepot** ネポト 男
孫娘	**nepoată** ネポアター 女
伯父 / 叔父	**unchi** ウンキ 男
伯母 / 叔母	**mătușă** マトゥシアー 女
夫	**soț** ソツ 男
独身者 / 未婚者	**celibatar** チェリバタル 男
	celibatară チェリバタラー 女
妻	**soție** ソツィイェ 女
夫婦	**soți** ソツィ 複
似合いの夫婦	soți potriviți

人の体

体	**corp** コルプ 中
体を大事にする	avea grijă de sănătate
顔	**față** ファツァー 女
顔を洗う	se spăla pe față
顔をそむける	a-și întoarce fața
髪	**păr** パル 男
髪をとかす	se pieptăna
ショートカットした髪	păr tuns scurt / păr scurt
目	**ochi** オキ 男 不変
目を覚ます	se trezi / se scula
私は7時に目覚めます。	Eu mă trezesc [mă scol] la ora 7.
目をつぶる	închide ochii
鼻	**nas** ナス 中
鼻声で話す	vorbi pe nas
頬	**obraz** オブラズ 男
	obraji オブラジ 複
こけた頬	obraji supți [trași]
耳	**ureche** ウレケ 女
耳が遠い	tare de urechi / surd
耳まで赤くなる	se înroși până la urechi
口	**gură** グラー 女
口を切る	lua cuvântul / vorbi primul
口を出す	se amesteca / interveni
唇	**buză** ブザー 女
悔しさに唇を噛む	a-și mușca buzele de necaz
舌	**limbă** リムバー 女
舌を巻く	se uimi / se minuna

頭	**cap** カプ 中	
頭を悩ます	a-şi frământa mintea / se îngrijora	
首	**gât** グト 中	
首になる	fi concediat	
首を長くして待つ	aştepta cu nerabdare	
喉	**gâtlej** グトレジ 中	
肩	**umăr** ウマル 男	
肩を並べる	egala (pe)	
胸	**piept** ピェプト 中	
腕	**braţ** ブラツ 中	
指	**deget** デジェト 中	
手	**mână** ムナー 女	
拳	**pumn** プムン 男	
爪	**unghie** ウンギィェ 女	
肘	**cot** コト 中	
腹	**burtă** ブルター 女	
腰	**mijloc** ミジロク 中	
背中	**spate** スパテ 中 / **spinare** スピナレ 女	
足	**picior** ピチォル 中	
脚	**gambă** ガムバー 女	
膝	**genunchi** ジェヌンキ 男	
膝を曲げる	îndoi genunchii	
心臓	**inimă** イニマー 女	
心臓病	boală de inimă	
心臓がどきどきする。	Inima palpitează.	
歯	**dinte** ディンテ 男	
歯が痛い。	(Pe mine) Mă dor dinţii.	
虫歯	carie dentară	

人 生

生命、人生	**viață** ヴィアツァー 女
運命	**soartă** ソアルター 女 / **destin** デスティン 中
人	**om** オム 男
人々（複数）	**oameni** オァメニ / **lume** ルメ 女
赤ん坊	**bebeluș** ベベルシ / **copil de țâță** コピル デ ツツァー 男
子供	**copil** コピル 男
少年	**băiețel** バイェツェル 男
少年時代	copilărie
男の子	**băiat** バイアト 男
青年	**adolescent** アドレスチェント / **băiat tânăr** バイアト トゥナル 男
少女	**fetiță** フェティツァー 女
少女時代	copilărie
女の子	**fată** ファター 女
若者	**tânăr** トゥナル 男 / **tânără** トゥナラー 女
青春	**tinerețe** ティネレツェ 女
大人	**adult** アドゥルト 男
大人になる	deveni adult
男 / 男性	**bărbat** バルバト 男
女 / 女性	**femeie** フェメイェ 女
年齢	**vârstă** ヴゥルスター 女
年齢の差	diferență de vârstă
長寿	**longevitate** ロンジェヴィタテ 女
世代	**generație** ジェネラツィイェ 女
若い世代	generație tânără
老人	**bătrân** バトゥルン 男 / **bătrână** バトゥルナー 女

老人ホーム	azil de bătrâni
友達	**prieten** プリイェテン 男
友達になる	se împrieteni
幼な馴染み	prieten din copilărie
仲間	**coleg** コレグ / **partener** パルテネル / **asociat** アソチアト 男
恋愛	**dragoste** ドゥラゴステ / **iubire** イウビレ 女
恋人	**iubit** イウビト 男 / **iubită** イウビター 女
恋人同士	iubiți / îndrăgostiți
婚約	**logodnă** ロゴドナー 女
婚約する	se logodi
婚約者	**logodnic** ロゴドニク 男
	logodnică ロゴドニカー 女
結婚	**căsătorie** カサトリイェ 女
結婚する	se căsători
結婚式	ceremonie de căsătorie / nuntă
離婚	**divorț** ディヴォルツ 中
離婚する	divorța
妊娠	**sarcină** サルチナー /
	graviditate グラヴィディタテ 女
妊娠する	rămâne gravidă
妊娠中	gravidă / însărcinată
出産	**naștere** ナシテレ 女
出産する	naște
出産予定日	termen de naștere
生きる	**trăi** トゥライ 動
死ぬ	**muri** ムリ 動
葬式、葬儀	**înmormântare** ウンモルムンタレ 女

173

量・単位

量	**cantitate** カンティタテ 女
量を減らす	reduce cantitatea
多く	**mult** ムルト 副
多くとも	cel mult
多い	**mult** ムルト / **numeros** ヌメロス 形
沢山の	**mult** ムルト 形 (複 mulți ムルツィ)
沢山の子供達	mulți copii
少ない	**puțin** プツィン 形 (女 puțină プツィナー)
彼は友達が少ない。	El are prieteni puțini.
少なくする	micșora / reduce
会社は出費を少なくする。	Compania reduce cheltuielile.
少なくなる	se micșora / se reduce
給料が少なくなる。	Salariul se reduce [se micșorează].
少しの	**puțin** プツィン 形 (女 puțină プツィナー)
少しの余裕	puțin răgaz
少しの間	interval scurt
全部	**tot** トト 代
全部読みました。	Am citit tot.
半分	**jumătate** ジュマタテ 女
四分の一	**un sfert** ウン スフェルト 中
僅かな	**puțin** プツィン 形 (女 puțină プツィナー)
僅かな金で生活する。	Trăiește cu bani puțini.
以上	**peste** ペステ 前
30% 以上	peste treizeci la sută
以上に	**mai mult de [decât]** マイ ムルト デ [デクト] 副
以下	**sub** スブ 前
20% 以下	sub douăzeci la sută

グラム	**gram** グラム 中
キログラム	**kilogram** キログラム 中
トン	**tonă** トナー 女 (複 tone トネ)
メートル	**metru** メトゥル 男
平方メートル	metri pătrați
立方メートル	metri cubi
キロメートル	**kilometru** キロメトゥル 男
平方キロメートル	kilometri pătrați
パーセント	**procent** プロチェント 中 / **sutime** スティメ 女
1%	o sutime / unu la sută / un procent
15%	cincisprezece la sută / 15 procente
長さ	**lungime** ルンジィメ 女
重さ	**greutate** グレウタテ 女
高さ	**înălțime** ウナルツィメ 女
幅	**lățime** ラツィメ 女
回	**dată** ダター 女 (複 ori オリ)
一回	o dată
二回	de două ori
何回も	de mai multe ori
倍	**ori** オリ
二倍	de două ori
階	**etaj** エタジ 中
彼は3階に住んでいる。	El locuiește la etajul 3.
歳	**ani** アニ 男 / **vârstă** ヴゥルスター 女
あなたは何歳ですか?	Câți ani ai (tu / dumneata)? / Câți ani aveți (dumneavoastră)?

家・家具

家	**casă** カサー 女
マンション	**apartament de lux** アパルタメント デ ルクス
ワンルームマンション	**garsonieră** ガルソニイェラー 女
アパート	**apartament** アパルタメント 中
門	**poartă** ポアルター 女
門を叩く	bate la poartă
屋根	**acoperiş** アコペリシ 中
屋根裏部屋	mansardă
居間	**sufragerie** スフラジェリイェ 女
台所	**bucătărie** ブカタリイェ 女
寝室	**dormitor** ドルミトル 中
浴室	**cameră de baie** カメラー デ バイェ 女
庭	**grădină** グラディナー 女
中庭	curte
家の中庭	curtea casei
車庫	**garaj** ガラジ 中
車庫入れする	a-şi băga maşina în garaj
バルコニー	**balcon** バルコン 中
トイレ	**toaletă** トアレター 女 / **W.C.** ヴェチェ 中
トイレに行く	merge la toaletă
トイレはどこですか?	Unde este W.C.-ul [toaleta]?
トイレットペーパー	hârtie igienică
廊下	**coridor** コリドル / **culoar** クロアル 中
床	**podea** ポデア / **duşumea** ドゥシュメア 女
天井	**tavan** タヴァン 中
窓	**fereastră** フェレアストゥラー 女

窓から見る	privi pe fereastră
窓際の席	loc lângă fereastră
エレベーター	**lift** リフト 中
エレベーターに乗る	urca în lift
エレベーターで上［下］がる	urca [coborî] cu liftul
エレベーターを降りる	coborî din lift
階段	**scară** スカラー 女
階段を上［下］がる	urca [coborî] scările
家具	**mobilă** モビラー 女
家具を入れる	mobila
家具付貸間	cameră de închiriat mobilată
テーブル	**masă** マサー 女
テーブルにつく	se aşeza la masă
机	**birou** ビロウ 中
机に向かう	se aşeza în faţa biroului
椅子	**scaun** スカウン 中
椅子に腰掛ける	se aşeza pe scaun
椅子から立ちあがる	se ridica de pe scaun
ソファー	**canapea** カナペア 女
ベッド	**pat** パト 中
シングルベッド	pat pentru o persoană
ダブルベッド	pat dublu /
	pat pentru două persoane
マットレス	**saltea** サルテア 女
(掛け) 布団	**plapumă** プラプマー 女
たんす	**dulap** ドゥラプ / **şifonier** シフォニエル 中
棚	**etajeră** エタジェラー 女 / **raft** ラフト 中
棚に乗せる	pune pe etajeră

家にある身の回り品

水道	**apă** アパー 女
水道栓	robinet
水道管	conductă de apă
洗面所	**chiuvetă** キゥヴェター 女
歯ブラシ	**periuţă de dinţi** ペリウツァー デ ディンツィ
歯磨き粉	**pastă de dinţi** パスター デ ディンツィ
掃除	**curăţenie** クラツェニイェ 女 /
(箒で)	**măturat** マトゥラト 中
掃除をする	mătura / face curăţenie
ちり取り	**făraş** ファラシ 中
ごみ	**gunoi** グノィ 中
ごみ箱	coş de gunoi
洗濯	**spălat** スパラト 中
洗濯物	rufe
洗濯する	spăla
風呂	**baie** バイェ 女
シャワー	**duş** ドゥシ 中
デオドラント / 防臭剤	**deodorant** デオドラント 中
石鹸	**săpun** サプン 中
シャンプー	**şampon** シャムポン 中
剃刀	**lamă [aparat] de ras** 女 ラマー [アパラト] デ ラス
タオル	**prosop** プロソプ 中
カーテン	**perdea** ペルデア 女 (複 perdele ペルデレ)
毛布	**pătură** パトゥラー 女
シーツ	**cearşafuri** チェァルシァフリ 中複

枕	**pernă** ペルナー 女
枕カバー	față de pernă
カーペット	**covor** コヴォル 中
花瓶	**vază** ヴァザー 女
アルバム	**album** アルブム 中
写真アルバム	album de fotografii
切手アルバム	album de timbre
タバコ	**țigări** ツィガリ 女 複
マッチ	**chibrit** キブリト 中
ライター	**brichetă** ブリケター 女
ノート	**caiet** カイェト 中 / **notiță** ノティツァー 女
（講義で）ノートを取る	lua notițe (la un curs)
筆箱	**penar** ペナル 中
本	**carte** カルテ 女 （複 cărți カルツィ）
本棚	raft [etajeră] de cărți
ペン（万年筆）	**stilou** スティロウ 中
ボールペン	**pix** ピクス 中
鉛筆	**creion** クレイオン 中
鉛筆削り	ascuțitoare de creioane
鍵	**cheie** ケイェ 女
新聞	**ziar** ズィアル 中
はさみ	**foarfecă** フォアルフェカー 女
消しゴム	**gumă de șters** グマー デ シテルス 女
電池	**baterie** バテリイェ 女
箱 / 缶	**cutie** クティイェ 女
缶詰	**conservă** コンセルヴァー 女
瓶	**sticlă** スティクラー 女 / **borcan** ボルカン 中
ペットボトル	sticlă de plastic

家庭電化製品

冷蔵庫	**frigider** フリジィデル 中
冷蔵庫の温度を設定する	regla temperatura frigiderului
冷凍庫	**congelator** コンジェラトル 中
(冷凍庫の) 肉を解凍する	decongela carnea
洗濯機	**mașină de spălat (rufe)** 女 マシナー デ スパラト (ルフェ)
食器洗い機	**mașină de spălat vase** 女 マシナー デ スパラト ヴァセ
アイロン	**fier de călcat** フィェル デ カルカト 中
アイロンをかける	călca
エアコン	**aer condiționat** アイェル コンディツィオナト 中
ストーブ	**sobă** ソバー 女
電気ストーブ	radiator electric
石油ストーブ	sobă cu petrol
オーブン	**cuptor** クプトル 中
電子レンジ	**cuptor cu microunde** 中 クプトル ク ミクロウンデ
テレビ	**televizor** テレヴィゾル 中
テレビを見る	privi la televizor
テレビをつける	deschide televizorul
テレビを消す	închide televizorul
ビデオ	**video** ヴィデオ 中
ビデオテープ	videocasetă
ラジオ	**radio** ラディオ 中
ラジオ放送	emisiune radiofonică
ラジカセ	**radiocasetofon** ラディオカセトフォン 中

番組	**program** プログラム 中 / **emisiune** エミスィウネ 女
テレビ番組	program de televizor
娯楽番組	program de divertisment
音楽番組	emisiune muzicală
テープレコーダー	**magnetofon** マグネトフォン 中
録画	**înregistrare video** 女 ウンレジィストゥラレ ヴィデオ
録画する	înregistra imagini
CD	**CD** スィーディ 中
CDプレーヤー	**CD player** スィーディ プレイェル 中
DVD	**DVD** ディーヴィーディー 中
DVDレコーダー	**DVD recorder** ディーヴィーディ レコルデール 中
録音	**înregistrare** ウンレジィストゥラレ 女
録音する	înregistra (audio)
録音再生	redarea unei înregistrări
カメラ	**aparat de fotografiat** 中 アパラト デ フォトグラフィアト
カメラマン	operator cinematografic / fotograf
ビデオカメラ	**videocameră** ヴィデオカメラー 女
(ヘア)ドライヤー	**uscător (de păr)** ウスカトル (デ パル) 中
掃除機	**aspirator** アスピラトル 中
掃除機で掃除する	trage praful cu aspiratorul
リモコン	**telecomandă** テレコマンダー 女
スイッチ	**întrerupător** ウントゥレルルパトル 中
スイッチを切る	întrerupe curentul
スイッチを入れる	restabili curentul
コンセント	**priză** プリザー 女

衣服

着る	**se îmbrăca** セ ウムブラカ 再
はく	**a-şi îmbrăca** アシ ウムブラカ 再
ズボンをはく	a-şi trage [a-şi pune] pantalonii
履く	**se încălţa** セ ウンカルツァ 再
履いてみる	încerca (încălţăminte)
服／衣服	**îmbrăcăminte** ウムブラカミンテ 女
上着	**haină (de bărbat)** ハイナー (デ バルバト) 女
上着を着る	a-şi îmbrăca haina
上着を脱ぐ	a-şi dezbrăca haina
コート（薄手）	**pardesiu** パルデスィウ 中
レインコート	impermeabil / pardesiu de ploaie
オーバーコート	**palton** パルトン 中
ワイシャツ	**cămaşă** カマシアー 女
スーツ（男物）	**costum (bărbătesc)** コストゥム (バルバテスク) 中
民族衣装	**costum popular** コストゥム ポプラル 中
制服	**uniformă** ウニフォルマー 女
マフラー	**fular** フラル 中
ベルト	**curea** クレア 女
ブラウス	**bluză** ブルザー 女
スカート	**fustă** フスター 女
ズボン	**pantaloni** パンタロニ 男 複
半ズボン	pantaloni scurţi
ゴルフ［スキー］ズボン	pantaloni de golf [de schi]
Tシャツ	**tricou** トゥリコウ 中
セーター	**flanelă** フラネラー 中
ドレス、ワンピース	**rochie** ロキイェ 女
ジャケット	**jachetă** ジャケター 女

靴下	**șosete** シォセテ 女 複
ストッキング	**ciorapi** チォラピ 男 複
下着	**lenjerie de corp** レンジェリィェ デ コルプ
パンツ	**chiloți** キロツィ 男
ブラジャー	**sutien** スティイェン 中
パジャマ	**pijama** ピジャマ 女
寝間着	**cămașă de noapte** カマシァー デ ノァプテ
寝間着姿で	în cămașă de noapte / în pijama
ポケット	**buzunar** ブズナル 中
ポケットに入れる	pune în buzunar
ポケットから出す	scoate din buzunar
ポケットに手を入れたまま	cu mâinile în buzunar
ボタン	**nasturi** ナストゥリ 男 複 / **butoni** ブトニ 男 複
ボタンを掛ける	se încheia cu nasturii / încheia nasturii
ボタンを外す	a-și descheia nasturii
サイズ	**mărime** マリメ / **talie** タリイェ 女
あなたのサイズはいくらですか？	
	Ce mărime aveți? / Ce talie aveți?
あなたの靴のサイズはいくつですか？	
	Ce număr purtați la pantofi?
靴	**pantofi** パントフィ 男 複
一足の靴	o pereche de pantofi
靴を履く	a-și încălța pantofii
靴を脱ぐ	a-și descălța pantofii
スリッパ	**papuci** パプチ 男 複
ブーツ	**cizme** チズメ 女 複

身だしなみ

帽子	**pălărie** パラリイェ / **şapcă** シャプカー 女
帽子をかぶる	a-şi pune pălăria pe cap
帽子を取る	a-şi scoate pălăria de pe cap
帽子をかぶっていない	cu capul gol
ネクタイ	**cravată** クラヴァター 女
ネクタイを締める	a-şi înnoda cravata
小銭入れ	**portmoneu** ポルトゥモネウ 中
蝶ネクタイ	**papion** パピオン 中
手袋	**mănuşi** マヌシ 女 複
手袋をはめる	a-şi pune mănuşile
手袋をはずす	a-şi scoate mănuşile
ハンカチ	**batistă** バティスター 女
ハンカチを振る	flutura batista
ネッカチーフ	**batic** バティク 中
肩かけ / ショール	**şal** シャル 中
眼鏡	**ochelari** オケラリ 男 複
眼鏡をかける	a-şi pune ochelarii la ochi
眼鏡をはずす	a-şi lua ochelarii de la ochi
サングラス	**ochelari de soare** オケラリ デ ソアレ
傘	**umbrelă** ウムブレラー 女
傘をひろげる	deschide umbrela
傘をすぼめる	închide umbrela
日傘	umbrelă de soare
時計	**ceas** チェアス 中
時計を見る	se uita la ceas
時計を合わせる	potrivi ceasul / potrivi ora
壁時計	ceas de perete

腕時計	**ceas de mână** チェアス デ ムナー	
ハンドバッグ	**poşetă** ポシェター / **geantă** ジェアンター 女	
財布	**portofel** ポルトフェル 中	
彼女は財布をなくしてしまった。	Ea şi-a pierdut portofelul.	
宝石	**bijuterii** ビジュテリィ 女 複 /	
	pietre preţioase ピェトレ プレツィオァセ 女 複	
指輪	**inel** イネル 中	
指輪をはめる	a-şi pune [purta] un inel pe deget	
ネックレス	**lănţişor** ランツィシォル / **colier** コリィエル 中	
イヤリング	**cercei** チェルチェィ 男 複	
ブレスレット	**brăţară** ブラツァラー 女	
ブローチ	**broşă** ブロシャー 女	
鏡	**oglindă** オグリンダー 女	
鏡を見る	se privi în oglindă	
櫛	**pieptene** ピェプテネ 男	
ブラシ	**perie** ペリィェ 女	
化粧	**fardare** ファルダレ 女 / **machiaj** マキャジ 中	
化粧する	se machia / se farda	
化粧の	**cosmetic** コスメティク 形	
化粧品	**farduri** ファルドゥリ /	
	(produse) cosmetice 中 複	
	(プロドゥセ) コスメティチェ	
香水	**parfum** パルフム 中	
香水をつける	a-şi da cu parfum / se parfuma	
口紅	**ruj** ルジ 中	
口紅をつける	a-şi da cu ruj pe buze / se ruja	
美容院	**coafor** コァフォル 中	
身だしなみ	**ţinută (personală)** ツィヌター (ペルソナラー) 女	

健康・病気

健康	**sănătate** サナタテ 女
健康を保つ	menține sănătatea
健康診断	control medical
血	**sânge** スンジェ 中
血液型	grupă sanguină
怪我	**rană** ラナー 女
怪我をする	se răni
火傷	**arsură** アルスラー 女
火傷する	se arde
熱湯で手を火傷する	a-şi arde mâna cu apă fiartă
痛む	**avea durere** アヴェア ドゥレレ / **a-l durea** アル ドゥレア
頭痛	**durere de cap** ドゥレレ デ カプ
腹痛	**dureri abdominale** ドゥレリ アブドミナレ
胸やけがする	**avea arsuri pe piept** アヴェア アルスリ ペ ピエプト
下痢	**diaree** ディアレイェ 女
下痢止薬	medicament contra diareii
熱	**febră** フェブラー / **temperatură** テムペラトゥラー 女
熱がある	avea febră
熱が上がる。	Temperatura creşte.
熱が下がる。	Temperatura scade.
熱を測る	lua temperatura
風邪	**răceală** ラチェァラー 女
鼻風邪	guturai
風邪気味である	fi puțin răcit/avea tendința de a răci

風邪をひく	răci / căpăta un guturai
インフルエンザ	**gripă** グリパー 女
咳	**tuse** トゥセ 女
咳をする	tuşi
病気	**boală** ボアラー 女 (複 boli ボリ)
病院	**spital** スピタル 中
外科	**chirurgie** キルルジィイェ 女
内科	**boli interne** ボリ インテルネ
救急	**prim-ajutor** プリム アジュトル 中 / **urgenţă** ウルジェンツァー 女
救急病院	spital de urgenţă
救急車	**salvare** サルヴァレ 女
救急車を呼んでください。	Chemaţi salvarea, vă rog!
診察	**consultaţie** コンスルタツィイェ 女
診察を受ける	consulta un medic
治療	**tratament** トゥラタメント 中
治療を受ける	urma un tratament
診断	**diagnostic** ディアグノスティク 中
注射	**injecţie** インジェクツィイェ 女
注射する	face injecţie
手術	**operaţie** オペラツィイェ 女
薬	**medicamente** メディカメンテ 中 複
薬局	**farmacie** ファルマチイェ 女
患者	**bolnav** ボルナヴ / **pacient** パチィエント 男
入院	**internare** インテルナレ 女
入院する	se interna
入院させる	interna
退院する	**se externa** セ エクステルナ 再

通信

情報	**informații** インフォルマツィイ 女 複
情報を集める	strânge informații
情報を提供する	oferi [da] informații
通信	**comunicație** コムニカツィイェ / **corespondență** コレスポンデンツァー 女
通信する	comunica / întreține corespondență
通信社	agenție de presă
ニュース	**știri** シティリ 女 複（単 știre シティレ）
郵便局	**oficiu poștal** オフィチゥ ポシタル 中 / **poștă** ポシター 女
郵便	**poștă** ポシター / **scrisori** スクリソリ 女
郵便を出す	expedia o scrisoare
郵便で送る	trimite prin poștă
郵便を配達する	distribui scrisori
差出人	**expeditor** エクスペディトル 男
ポスト	**căsuță poștală** カスツァー ポシタラー 女
手紙	**scrisoare** スクリソァレ 女 （複 scrisori スクリソリ）
手紙を送る	trimite o scrisoare
速達	**scrisoare expres** スクリソァレ エクスプレス
書留	**scrisoare recomandată** スクリソァレ レコマンダター
葉書	**carte poștală** カルテ ポシタラー 女
絵葉書	**vedere** ヴェデレ 女（複 vederi ヴェデリ）
小包	**colet** コレト 中
航空便	**poștă aeriană** ポシター アィエリアナー
航空便で	**PAR AVION** パル アヴィオン

便箋	**hârtie pentru scrisori** フルティイェ ペントゥル スクリソリ	
封筒	**plic** プリク 中	
手紙を封筒に入れる	pune o scrisoare în plic	
住所 / 宛名	**adresă** アドゥレサー 女	
ご住所はどちら?	Care e adresa dumneavoastră?	
宛先	**destinație** デスティナツィイェ 女	
受取人	**destinatar** デスティナタル 男	
切手（郵便）	**timbru (poștal)** ティムブル (ポシタル) 中	
切手はいくら貼ったらいいですか?	Cât costă timbrele?	
郵便為替	**mandat poștal** マンダト ポシタル 中	
電話	**telefon** テレフォン 中	
電話をかける	telefona / da telefon	
電話で話す	vorbi la telefon	
携帯電話	**telefon mobil** テレフォン モビル 中	
電報	**telegramă** テレグラマー 女	
電報を打つ	trimite o telegramă	
電信	**telegrafie** テレグラフィイェ 女	
電信で送る	telegrafia / transmite o telegramă	
電信機	**telegraf** テレグラフ 中	
ファックス	**FAX** ファクス 中	
パソコン	**computer personal** 中 コンピュテル ペルソナル	
E メール	**e-mail** イメイル 中	
E メールを送る	trimite e-mail	
E メールを受け取る	primi e-mail	
インターネット	**internet** インテルネト 中	
ウェブサイト	**web site** ウェブ サイト 中	

レストラン・食料品店

レストラン	**restaurant** レスタウラント 中
食堂	**cantină** カンティナー 女
メニュー	**meniu** メニゥ 中 / **listă de bucate** リスター デ ブカテ 女
(私は) 食べたい。	**Aş vrea să mănânc.** アシ ヴレァ サー マヌンク
セットメニュー	**meniu complet** メニゥ コムプレト 中
メインディッシュ	**mâncare principală** ムンカレ プリンチパラー
前菜	**aperitiv** アペリティヴ 中
チーズ	**brânză** ブルンザー 女
スープ	**supă** スパー 女
酸味 (のある) スープ	**ciorbă** チォルバー 女
ミートボール入スープ	ciorbă de perişoare
牛肉野菜スープ	ciorbă de văcuţă cu legume
ロールキャベツ	**sarmale** サルマレ 女 複
豚カツレツ	**şniţel de porc** シニツェル デ ポルク 中
サラダ	**salată** サラター 女
デザート	**desert** デセルト 中
ビアホール	**berărie** ベラリイェ 女
飲み屋 / パブ	**cârciumă** クルチゥマー 女
パン屋 (製造販売)	**brutărie** ブルタリイェ 女
乳製品店	**(magazin de) produse lactate** 中 (マガズィン デ) プロドゥセ ラクタテ
肉屋	**măcelărie** マチェラリイェ 女
八百屋	**legume-fructe** レグメ フルクテ 女
お勘定願います。	**Nota de plată, vă rog!** ノタ デ プラター ヴァ ログ

飲み物

飲み物	**băutură** バウトゥラー 女
飲む	**bea** ベア 動
乾杯!	**Noroc!** ノロク
乾杯する	ciocni un pahar
水	**apă** アパー 女
ミネラルウォーター	**apă minerală** アパー ミネララー
（炭酸）ガス入り〜	apă gazoasă
（炭酸）ガスなし〜	apă plată
牛乳	**lapte** ラプテ 中
紅茶、茶	**ceai** チェアイ 中
茶を入れる	pregăti [face] ceaiul
レモンティー	ceai cu lămâie
ミルクティー	ceai cu lapte
緑茶	**ceai verde** チェアイ ヴェルデ
コーヒー	**cafea** カフェア 女（複 cafele カフェレ）
アイスコーヒー	cafea cu gheață
ジュース	**suc** スク 中
トマトジュース	suc de roșii
アップルジュース	suc de mere
オレンジジュース	suc de portocale
パイナップルジュース	suc de ananas
酒	**alcool** アルコオル 中
アルコール飲料	**băuturi alcoolice** バウトゥリ アルコオリチェ 女
ビール	**bere** ベレ 女
ワイン	**vin** ヴィン 中
シャンペン	**șampanie** シャムパニィエ 女
リキュール	**lichior** リキォル 中

料理用食器・調味料

食器	**tacâmuri** タクムリ / **vase** ヴァセ 中 複
グラス	**pahar** パハル 中 (複 pahare パハレ)
コップ	**ceașcă** チェアシカー 女 (複 cești チェシティ)
皿	**farfurie** ファルフリイェ 女
小皿	**farfurioară** ファルフリオァラー 女
スプーン	**lingură** リングラー 女
ティースプーン	**linguriță** リングリツァー 女
フォーク	**furculiță** フルクリツァー 女
ナイフ	**cuțit** クツィト 中
包丁	**cuțit de bucătărie** クツィト デ ブカタリィエ 中
フライパン	**tigaie** ティガイェ 女
鍋	**cratiță** クラティツァー 女
おたま	**polonic** ポロニク 中
壺 / 深鍋	**oală** オアラー 女
ふた	**capac** カパク 中
盆	**tavă** タヴァー 女
やかん	**ceainic** チェアィニク 中
湯	**apă caldă** アパー カルダー 女
調味料	**condimente** コンディメンテ 中 複
砂糖	**zahăr** ザハル 中
塩	**sare** サレ 女
からし	**muștar** ムシタル 中
胡椒	**piper** ピペル 男
バター	**unt** ウント 中
油	**ulei** ウレィ 中
酢	**oțet** オツェト 中

料理・味

食事	**masă** マサー / **mâncare** ムンカレ 女
食べ物	**mâncare** ムンカレ 女
朝食	**micul dejun** ミクル デジュン 中
昼食	**masa de prânz** マサ デ プルンズ 女
夕食	**masa de seară** マサ デ セアラー 女
食べる	**mânca** ムンカ 動
料理	**mâncare** ムンカレ / **bucate** ブカテ 女 複
料理する	pregăti mâncare / găti
ゆでる	**fierbe** フィエルベ 動
泡、あく	**spumă** スプマー 女
あくを取る	lua spuma
切る	**tăia** タィア 動
みじん切りにする	toca mărunt
混ぜる	**amesteca** アメステカ 動
焼く	**frige** フリジェ 動
炒める / 揚げる	**prăji** プラジ 動
蒸す	**înăbuși** ウナブシ 動
温める	**încălzi** ウンカルズィ 動
冷やす	**răci** ラチ 動
注ぐ	**turna** トゥルナ 動 / **se vărsa** セ ヴァルサ 再
味	**gust** グスト 中
美味しい	**gustos** グストス 形（女 gustoasă グストアサー）
甘い	**dulce** ドゥルチェ 形（複 dulci ドゥルチ）
辛い	**iute** イウテ 形
しょっぱい	**sărat** サラト 形（女 sărată サラター）
酸っぱい	**acru** アクル 形（女 acră アクラー）
苦い	**amar** アマル 形（女 amară アマラー）

野菜・果物

野菜	**legume** レグメ 女複 / **verdeață** ヴェルデァツァー 女 / **zarzavat** ザルザヴァト 中
じゃがいも / ポテト	**cartofi** カルトフィ 男複
たまねぎ	**ceapă** チェアパー 女
長ねぎ	**praz** プラズ 男
トマト	**roșie** ロシイェ 女（複 roșii ロシィ）
なす	**vinete** ヴィネテ 女複
にんじん	**morcovi** モルコヴィ 男複
キノコ	**ciuperci** チゥペルチ 女複
大豆	**soia** ソイア 女
グリーンピース	**mazăre** マザレ 女
いんげん豆	**fasole** ファソレ 女
さやいんげん	**fasole verde** ファソレ ヴェルデ 女
サラダ菜	**salată** サラター 女
きゅうり	**castraveți** カストゥラヴェツィ 男複
かぼちゃ	**dovleac** ドヴレアク 男
キャベツ	**varză** ヴァルザー 女
セロリ	**țelină** ツェリナー 女
パセリ	**pătrunjel** パトゥルンジェル 男
カリフラワー	**conopidă** コノピダー 女
生姜	**ghimbir** ギムビル 男
ピーマン	**ardei gras** アルデイ グラス 男
ニンニク	**usturoi** ウストゥロイ 男
ほうれん草	**spanac** スパナク 中
果物	**fructe** フルクテ 中複
りんご	**măr** マル 中（複 mere メレ）

洋梨	**pară** パラー 女 (複 pere ペレ)
オレンジ	**portocală** ポルトカラー 女
ぶどう	**struguri** ストゥルグリ 男 複
ぶどうの房	ciurpene de struguri
クルミ	**nuci** ヌチ 女 複
ピーナッツ	**arahide** アラヒデ 女
栗	**castane** カスタネ 女 複
レモン	**lămâie** ラムイイェ 女 (複 lămâi ラムイ)
カリン	**gutuie** グトゥイイェ 女 (複 gutui グトゥイ)
すもも / プラム	**prune** プルネ 女 複
桃	**piersici** ピェルスィチ 女 複
あんず	**caise** カイセ 女 複
パイナップル	**ananas** アナナス 男
グレープフルーツ	**grape fruit** グレプフルト 中
さくらんぼ	**cireşe** チレシェ 女 複
いちご	**căpşuni** カプシュニ 女 複
きいちご	**zmeură** ズメウラー 女
ブルーベリー	**afine** アフィネ 女 複
ブラックベリー	**mure** ムレ 女 複
スイカ	**pepene verde** ペペネ ヴェルデ 男
メロン	**pepene galben** ペペネ ガルベン 男
柿	**kaki** カキ 中
みかん	**mandarine** マンダリネ 女 複
パパイヤ	**papaya** パパイア 女 不変
マンゴー	**mango** マンゴ 男
キウイ	**kiwi** キヴィー 女
ザクロの実	**rodii** ロディイ 女 複 (単 rodie ロディイェ)
イチジク	**smochine** スモキネ 女 複

肉・魚

肉	**carne** カルネ 女
牛肉	**carne de vacă** カルネ デ ヴァカー
ビーフの	de vacă
ビーフステーキ	friptură de vită / biftec
豚肉	**carne de porc** カルネ デ ポルク
豚の	de porc
（ポークの）ソーセージ	cârnați (de porc)
トンカツ	cotlet de porc
カツレツ	șnițel (de porc)
（豚の）ヒレ	mușchi de porc
ポークレバー	ficat de porc
ハム	**șuncă** シュンカー 女
サラミ	**salam** サラム 中
鶏肉	**carne de pasăre [găină / pui]** カルネ デ パサレ [ガイナー / プイ]
ローストチキン	pui la rotisor
チキンレバー	ficat de pasăre
七面鳥の肉	**carne de curcan** カルネ デ クルカン
卵	**ou** オウ 中 （複 ouă オウァー）
魚	**pește** ペシテ 男
コイ	**crap** クラプ 男
サケ	**somon** ソモン 男
マス	**păstrăv** パストゥラヴ 男
チョウザメ	**morun** モルン 男
キャビアー	**icre negre** イクレ ネグレ 女 複
カマス	**știucă de mare** シティウカー デ マレ 女
サバ	**macrou** マクロウ 中

パン・菓子

米 / ご飯	**orez** オレズ 中
小麦	**grâu** グルゥ 中
小麦粉	făină (de grâu)
パン	**pâine** プイネ 女
フランスパン	franzelă
ライ麦パン	pâine de secară
サンドウイッチ	**sandviș** サンドゥヴィシ 中
クッキー	**fursecuri** フルセクリ 中 複
ビスケット	**biscuiți** ビスクイツィ 男 複
パウンドケーキ	**chec** ケク 中
ルーマニア風パンケーキ	**cozonac** コゾナク 男
スパゲティ	**spaghete** スパゲテ 女 (複 のみ)
マカロニ	**macaroane** マカロアネ 女 複
チーズマカロニ	macaroane cu brânză
ピザ	**pizza** ピツァ 女
菓子	**dulciuri** ドゥルチゥリ 中 複
甘菓子パン	**brioșă** ブリオシャー 女
チョコレート	**ciocolată** チョコラター 女
ケーキ	**prăjituri** プラジトゥリ 女 複
クレープ	**clătite** クラティテ 女 複
パイ	**plăcintă** プラチンター 女
アップルパイ	plăcintă cu mere
チーズパイ	plăcintă cu brânză
アイスクリーム	**înghețată** ウンゲツァター 女
バニラアイス	înghețată cu vanilie
ドーナッツ	**gogoși** ゴゴシ 女 複 (単 gogoașă ゴゴアシャー)
キャンデー / 飴	**bomboane** ボムボアネ 女 複

買い物

買い物	**cumpărături** クムパラトゥリ 女 複
買い物に行く	merge la cumpărături
買い物をする	face cumpărături
店	**magazin** マガズィン 中
市場	**piață** ピアツァー 女
スーパーマーケット	**alimentară** アリメンタラー 女
デパート	**magazin universal** 中 マガズィン ウニヴェルサル
開く	**se deschide** セ デスキデ 再
店が開いた。	Magazinul s-a deschis.
閉まる	**se închide** セ ウンキデ 再
デパートが閉まった。	Magaziul universal s-a închis.
売る / 販売する	**vinde** ヴィンデ 動
安く売る	vinde ieftin
販売	**vânzare** ヴゥンザレ 女
買う	**cumpăra** クムパラ 動
店員	**vânzător** ヴゥンザトル 男
客	**client** クリイェント 男
常連客	client permanent
試す	**încerca** ウンチェルカ / **gusta** グスタ 動
新製品を試食する	gusta dintr-un produs nou
お金	**bani** バニ 男 複
細かいお金	bani mărunți / mărunțiș
勘定	**calcul** カルクル 中 / **notă de plată** ノター デ プラター 女
勘定する	calcula / face nota de plată
値段	**preț** プレツ 中

高価な	**scump** スクンプ 形
安い / 安く	**ieftin** イェフティン 形 / 副
他より安い	mai ieftin decât alții [în alte locuri]
割引	**reducere** レドゥチェレ 女
割引売り出し	vânzare cu reducere
割引料金で	cu preț redus
釣り銭	**rest** レスト 中
釣り銭を出す	da restul
領収書	**chitanță** キタンツァー 女
領収書をどうぞ。	(Luați) Chitanța, vă rog!
現金	**numerar** ヌメラル 中 / **bani gheață** バニ ゲアツァー 男
現金で支払いますか?	Plătiți în numerar?
クレジットカード	**carte de credit** カルテ デ クレディト
クレジットカードで支払います。	Plătesc cu carte de credit.
両替	**schimb** スキムブ 中
両替する	schimba
円	**yen** イェン 男 (複 yeni イェニ)
ドル	**dolar** ドラル 男 (複 dolari ドラリ)
ユーロ	**euro** エウロ 男 不変
レイ（ルーマニアの通貨）	**lei** レイ 男 複
円またはユーロそれともレイで支払いますか?	
	Plătiți cu yeni, euro sau cu lei?
レイで支払います。	Plătesc cu lei.
紙幣	**bancnotă** バンクノター 女
小銭	**mărunțiș** マルンツィシ 中
小銭入れ	portmoneu
無料の	**gratuit** グラトゥイト 形

勉 学

学校	**școală** シコァラー 女
学校へ行く	merge la școală
小学校	școală elementară
中学校	școală gimnazială
職業学校	școală profesională
児童	**școlar** シコラル 男
生徒	**elev** エレヴ 男
高校	**liceu** リチェウ 中
大学	**universitate** ウニヴェルスィタテ 女
試験	**examen** エクサメン 中
試験を受ける	da examen
入学試験	examen de admitere
入学する（大学）	**intra la universitate** 動 イントゥラ ラ ウニヴェルスィタテ
合格	**admitere** アドミテレ /**reușită** レウシター 女
合格する	fi admis / reuși
落第する	**cădea [pica] la examen** 動 カデア［ピカ］ラ エクサメン
卒業する	**absolvi** アブソルヴィ 動
卒業試験	examen de absolvire
卒業証書	diplomă de absolvire
教室	**clasă** クラサー 女
階段教室	amfiteatru
図書館	**bibliotecă** ビブリオテカー 女
先生	**profesor** プロフェソル 男
学生	**student** ストゥデント 男
授業	**lecție** レクツィイェ 女

200

講義	**curs** クルス 中 (複 cursuri クルスリ)
講義を聞く	asista la un curs
講義でノートを取る	lua notițe la un curs
問題	**problemă** プロブレマー /
	întrebare ウントゥレバレ 女 /
	subiect スビイェクト 中
問題を出す	pune o întrebare
問題用紙を配る	distribui subiectele (de examen)
答え	**răspuns** ラスプンス 中
答える	răspunde
正しい	**corect** コレクト 形
正しい答え	răspuns corect
間違い	**greșeală** グレシェアラー 女
間違いをする / 間違える	greși
間違えた答え	răspuns greșit
勉強する	**studia** ストゥディア 動
教える	**preda** プレダ 動
読む	**citi** チティ 動
書く	**scrie** スクリイェ 動
鉛筆で書く	scrie cu creionul
覚える	**ține minte** ツィネ ミンテ /
	memora メモラ 動
覚え易い	ușor de memorat
練習する	**face exerciții** ファチェ エクセルチツィイ 動
理解する	**înțelege** ウンツェレジェ 動
教科書	**manual** マヌアル 中
辞典	**dicționar** ディクツィオナル 中
辞典を引く	căuta (cuvinte) în dicționar

仕 事

仕事	**lucru** ルクル / **serviciu** セルヴィチゥ 中 / **muncă** ムンカー 女
家で仕事をする	lucra la domiciliu
仕事にかかる	începe să lucreze
働く	**lucra** ルクラ / **munci** ムンチ 動
生計のために働く	lucra pentru a-şi câştiga viaţa
会社	**companie** コムパニィェ / **firmă** フィルマー / **societate** ソチィエタテ 女
会社に勤める	lucra la o companie [firmă]
株式会社	societate pe acţiuni (S.C.)
有限会社	societate cu răspundere limitată (S.R.L.)
商事会社	companie comercială
社長	**preşedinte** プレシェディンテ 男
給料	**salariu** サラリゥ 中
会社員	**salariat** サラリアト 男
公務員	**funcţionar public** フンクツィオナル ププリク 男
俳優	**actor** アクトル 男
女優	**actriţă** アクトゥリツァー 女
歌手	**cântăreţ** クンタレツ 男 / **cântăreaţă** クンタレアツァー 女
医者	**medic** メディク 男
弁護士	**avocat** アヴォカト 男
秘書	**secretar** セクレタル 男 / **secretară** セクレタラー 女
技師	**inginer** インジィネル 男
記者	**ziarist** ズィアリスト 男

作家	**scriitor** スクリイトル 男
教師	**profesor** プロフェソル 男
宇宙飛行士	**cosmonaut** コスモナウト 男
警官	**poliţist** ポリツィスト 男
主婦	**gospodină** ゴスポディナー 女
アルバイト	**lucru temporar** ルクル テムポラル 中
ウエイター	**chelner** ケルネル /
	ospătar オスパタル 男
植木屋、庭師	**grădinar** グラディナル 男
農業（従事者）	**agricultor** アグリクルトル 男
看護師	**asistent medical** アスィステント メディカル 男
	asistentă medicală アスィステンター メディカラー 女
理容師	**frizer** フリゼル 男
美容師	**coafeză** コアフェザー 女
事務	**lucru de birou** ルクル デ ビロゥ 中
翻訳者	**traducător** トゥラドゥカトル 男
	traducătoare トゥラドゥカトアレ 女
大工	**dulgher** ドゥルゲル 男
職人	**meşteşugar** メシテシゥガル 男
画家	**pictor** ピクトル 男
ピアニスト	**pianist** ピアニスト 男
建築家	**arhitect** アルヒテクト 男
彫刻家	**sculptor** スクルプトル 男
商売人	**comerciant** コメルチアント /
	negustor ネグストル 男
編集者（本など）	**editor** エディトル 男
（新聞、雑誌など）	**redactor** レダクトル 男
労働者	**muncitor** ムンチトル 男

趣味・娯楽

趣味	**pasiune** パスィウネ / **plăcere** プラチェレ 女
彼の趣味はチェスです。	Pasiunea lui este şahul.
スポーツ	**sport** スポルト 中
スポーツをする	face sport
選手	**sportiv** スポルティヴ 男
選手権	campionat
試合	**competiție** コムペティツィイェ 女 / **meci** メチ 中 / **partidă** パルティダー 女
試合をする	disputa un meci
チーム	**echipă** エキパー 女
チームメイト	coechipier
ボール	**minge** ミンジェ 女
ボールで遊ぶ	se juca cu mingea
勝つ	**câștiga** クシティガ 動
負ける	**pierde** ピェルデ 動
スタジアム	**stadion** スタディオン 中
オリンピックスタジアム	stadion olimpic
オリンピック	**olimpiadă** オリムピアダー 女
オリンピック種目	probe olimpice
サッカー	**fotbal** フォトゥバル 中
サッカーをする	juca fotbal
サッカーチーム	echipă de fotbal
テニス	**tenis** テニス 中
テニスの試合	partidă de tenis
トラック（陸上競技の）	**pistă de alergări** ピスター デ アレルガリ 女
陸上競技	atletism / jocuri atletice

体操	**gimnastică** ジィムナスティカー 女
体操をする	face gimnastică
スキー	**schi** スキ 中
スキーをする	schia
スケート	**patinaj** パティナジ 中
水泳	**înot** ウンノト 中
泳ぐ	**înota** ウンノタ 動
彼は上手に泳ぐ。	El înoată bine.
ゲーム	**joc** ジォク 中 / **partidă** パルティダー 女
チェス	**şah** シァフ 中
チェスをする	juca şah
トランプ	**cărţi (de joc)** カルツィ（デ ジォク）女
ハイキング	**excursie pe jos** エクスクルスィイェ ペ ジォス 女
ハイキングをする	face excursii pe jos
散歩	**plimbare** プリムバレ 女
散歩する	se plimba
散歩させる	plimba
映画	**film** フィルム 中
明日映画を見に行く。	Mâine merg să văd un film.
読書	**lectură** レクトゥラー 女
読書好きである	a-i plăcea lectura
漫画	**caricatură** カリカトゥラー 女
彼は漫画が好きです。	Lui îi plac caricaturile.
雑誌	**revistă** レヴィスター 女
雑誌購読の申し込みをする	se abona la o revistă
文芸雑誌	revistă literară
博物館	**muzeu** ムゼゥ 中
美術館	**muzeu de artă** ムゼゥ デ アルター 中

社会・政治

社会	**societate** ソチィエタテ 女
社会に出る	ieși [debuta] în societate
経済	**economie** エコノミイェ 女
経済援助	ajutor economic
経済危機	criză economică
政治	**politică** ポリティカー 女
政治活動を行う	desfășura activitate politică
選挙	**alegeri** アレジェリ 女 複
選挙は何月ですか?	În ce lună sunt alegerile?
選挙する	alege
選挙運動	campanie electorală
投票する	**vota** ヴォタ 動
誰に投票しましたか?	Pe cine ai votat?
大統領	**președinte** プレシェディンテ 男
大統領選挙	alegeri prezidențiale
首相	**prim-ministru** プリム ミニストゥル 男
政府	**guvern** グヴェルン 中
政府の	guvernamental
大臣	**ministru** ミニストゥル 男
	ministră ミニストゥラー 女
国会 / 議会	**parlament** パルラメント 中
議会政治（制度）	regim parlamentar
法律	**legislație** レジスラツィイェ 女
法律相談	consultație juridică
国民	**popor** ポポル 中 /
	națiune ナツィウネ 女
国民の	național

国際的な	**internațional** インテルナツィオナル 形
国際的な組織	organizație internațională
貿易	**comerț exterior** コメルツ エクステリオル 中
貿易商社	companie de comerț exterior
公共の	**public** ププリク 形
警察	**poliție** ポリツィイェ 女
警察に通報する	anunța la poliție
消防士	**pompieri** ポムピイェリ 男 複
銀行	**bancă** バンカー 女（複 bănci バンチ）
銀行口座	cont bancar
銀行にお金を預ける	depune bani la bancă
銀行からお金をおろす	scoate bani de la bancă
ビル	**clădire** クラディレ 女
公園	**parc** パルク 中
公園を散歩する	se plimba prin parc
広場	**piață** ピアツァー 女
関係	**relație** レラツィイェ 女（複 relații レラツィイ）
友好関係を保つ	întreține relații de prietenie
喧嘩	**ceartă** チェアルター 女
プレゼント	**cadou** カドウ 中
秘密	**secret** セクレト 中
約束	**promisiune** プロミスィウネ 女
約束する	promite / face o promisiune
政党	**partid politic** パルティド ポリティク 中
与党	**partid de guvernământ** 中 パルティド デ グヴェルナムント
野党	**partid de opoziție** 中 パルティド デ オポズィツィイェ

方向・場所

場所	**loc** ロク 中
方向	**direcție** ディレクツイイェ 女
南[北]の方向に	în direcția sud [nord]
方向を教えてください。	Spuneți-mi direcția, vă rog!
同じ方向に行きます。	(Eu/ei/ele) Merg în aceeași direcție.
向こう	**dincolo** ディンコロ 副
向こう側	în partea cealaltă
ここに / ここへ / ここで	**aici** アイチ 副
そこへ / あそこで	**acolo** アコロ 副
北	**nord** ノルド 中
南	**sud** スド 中
西	**vest** ヴェスト 中
東	**est** エスト 中
上に	**sus** スス 副
本は机の上にあります。	Cartea e [este] pe masă.
下に / 下へ	**jos** ジョス 副

スリッパはベッドの下に置いてください。

	Lasă papucii sub pat, te rog!
(丁寧語で)	Lăsați papucii sub pat, vă rog!
左に / 左へ	**la stânga** ラ ストゥンガ 副
左に曲がる	coti [face / lua-o] la stânga
左に曲がってください。	Cotește la stânga, te rog!
(丁寧語で)	Cotiți [Faceți / Luați-o] la stânga, vă rog!
左側に	în partea stângă
右に / 右へ	**la dreapta** ラ ドゥレアプタ 副
右に曲がる	coti la dreapta
右に行く	merge [face] la dreapta

前に	**în față** ウン ファツァー / **înainte** ウナインテ 副
後ろに / 後ろへ	**în spate** ウン スパテ / **înapoi** ウナポイ 副
中に	**în interior** ウン インテリオル / **înăuntru** ウナウントゥル 副
外に / 外へ / 外で	**afară** アファラー / **în afară** ウン アファラー / **în exterior** ウン エクステリオル 副
隣に	**lângă** ルンガー / **aproape de** アプロアペ デ 副
傍に	**aproape** アプロアペ / **alături** アラトゥリ 副
…のそばに	aproape de ... / în apropiere de ...
間	**spațiu** スパツィウ / **interval** インテルヴァル 中
中心	**centru** チェントゥル 中
街の中心に住む	locui în centrul orașului
向かいに	**în față** ウン ファツァー / **vis-à-vis** ヴィザヴィ 副
向かいの家	casa din față / casa de vis-à-vis
私の家は駅の向かいにある。	Casa mea se află în fața gării. / Casa mea se află vis-à-vis de gară.
真っ直ぐに	**drept** ドゥレプト 副
入口	**intrare** イントゥラレ 女
駅の入口で待っています。	(Te) Aștept la intrarea în gară.
出口	**ieșire** イェシレ 女
地下鉄の出口で	la ieșirea din metrou
地下	**subsol** スブソル 中

交通

交通	**transport** トゥランスポルト 中
交通手段	mijloc de transport
公共交通	transport public [în comun]
自転車	**bicicletă** ビチクレター 女
自転車競走 / 自転車レース	cursă ciclistă
自動車	**automobil** アウトモビル 中
車両	**vagon** ヴァゴン 中
オートバイ	**motocicletă** モトチクレター 女
オートバイに乗る	se urca pe motocicletă
駅	**gară** ガラー 女
列車が駅に到着する。	Trenul soseşte în gară.
電車	**tren electric** トゥレン エレクトゥリク 中
電車に乗る	urca în tren
電車を降りる	coborî din tren
地下鉄	**metrou** メトゥロウ 中
バス	**autobuz** アウトブズ 中
バス停（留所）	staţie de autobuz
市電	**tramvai** トゥラムヴァイ 中
トロリーバス	**troleibuz** トゥロレイブズ 中
タクシー	**taxi** タクスィ 中
タクシーを呼んでください。	Chemaţi un taxi, vă rog!
船	**vapor** ヴァポル 中
船乗り	marinar
港	**port** ポルト 中
寄港する	face escală
港町	oraş maritim [portuar]
ロープウエイ	**teleferic** テレフェリク 中

空港	**aeroport** アイェロポルト 中
飛行機	**avion** アヴィオン 中
飛行機が離陸した。	Avionul a decolat.
飛行機が着陸する。	Avionul aterizează.
乗り換える	**schimba (trenul / avionul)** 動 スキムバ (トゥレヌル / アヴィオヌル)
パリで飛行機を乗り換える。	Schimb avionul la Paris.
運転する	**conduce** コンドゥチェ / **șofa** ショファ 動
運転手	**șofer** ショフェル 男
駐車する	**parca** パルカ 動
駐車場	**parcare** パルカレ 女
駐車禁止！	Parcarea interzisă!
ガソリン	**benzină** ベンズィナー 女
ガソリンスタンド	**benzinărie** ベンズィナリイェ 女
道路	**drum** ドゥルム 中
道路地図	hartă rutieră
高速道路	**autostradă** アウトストゥラダー 女
歩道	**trotuar** トゥロトゥアル 中
横断歩道	trecere de pietoni
大通り	**bulevard** ブレヴァルド 中
通り	**stradă** ストゥラダー 女
交差点	**intersecție** インテルセクツィイェ 女
信号	**semnal** セムナル 中
信号機	**semafor** セマフォル 中
橋	**pod** ポド 中
橋を渡る	traversa un pod
トンネル	**tunel** トゥネル 中
列車がトンネルを抜ける。	Trenul trece prin tunel.

旅 行

旅行	**călătorie** カラトリイェ 女
旅行案内	ghid turistic
国内	**interiorul țării** インテリオルル ツァリィ 中
国内旅行	călătorie prin țară [interiorul țării]
外国	**străinătate** ストゥライナタテ 女
外国旅行	călătorie în străinătate
パスポート	**pașaport** パシァポルト 中
パスポートコントロール	control de pașapoarte
ビザ	**viză** ヴィザー 女
入国［滞在］ビザ	viză de intrare [ședere] într-o țară
国籍	**naționalitate** ナツィオナリタテ / **cetățenie** チェタツェニイェ 女
二重国籍の（人）	(persoană) cu dublă cetățenie
搭乗	**îmbarcare** ウムバルカレ 女
搭乗手続き	formalități de îmbarcare
荷物	**bagaj** バガジ 中
荷物の重さ	greutatea bagajului
出発	**plecare** プレカレ 女
出発の遅延	întârzierea plecării
到着	**sosire** ソスィレ 女
到着する	sosi
到着日［時間］	ziua [ora] sosirii
往復	**dus-întors** ドゥス ウントルス 中
往復チケット	bilet dus-întors
切符 / チケット	**bilet** ビレト 中
切符料金	prețul biletului

席	**loc** ロク 中
空席	loc liber
使用中席	loc ocupat
鞄	**geantă de voiaj [călătorie]** 女 ジェアンター デ ヴォイアジ [カラトリイェ]
スーツケース	**geamantan** ジェアマンタン 中 / **valiză** ヴァリザー 女
ホテル	**hotel** ホテル 中
ホテルに部屋を取る	lua [rezerva] cameră la hotel
（空いている）部屋は?	Aveți o cameră (liberă)?
予約	**rezervare** レゼルヴァレ 女
予約席	Rezervat [Loc rezervat]
取り消す	**anula** アヌラ 動
予約を取り消す	anula rezervarea
免税	**scutire de taxe** スクティレ デ タクセ 女
免税品	mărfuri [articole] scutite de taxe
土産	**cadou** カドウ 中
観光	**turism** トゥリスム 中
観光客	turist
観光の / 観光に関する	turistic
観光案内（所）	(Birou de) informații turistice
観光地	loc turistic
写真	**fotografie** フォトグラフィイェ 女
記念写真	fotografii ca amintire [suvenire]
撮影する	**fotografia** フォトグラフィア 動
関税	**vamă** ヴァマー 女 / **tarif vamal** タリフ ヴァマル 中
関税を払う	plăti vama

生き物・植物

生き物	**viețuitoare** ヴィエツイトァレ 女 不変
動物	**animal** アニマル 中
動物園	grădină zoologică
雄	**mascul** マスクル 男
雌	**femelă** フェメラー 女
牛	**vacă** ヴァカー 女
馬	**cal** カル 男 (複 cai カイ)
狼	**lup** ルプ 男
狐	**vulpe** ヴゥルペ 女
象	**elefant** エレファント 男
ラクダ	**cămilă** カミラー 女
キリン	**girafă** ジィラファー 女
熊	**urs** ウルス 男
北極熊	urși polari
ライオン	**leu** レウ 男
豚	**porc** ポルク 男
羊	**oaie** オアイェ 女 (複 oi オイ)
猿	**maimuță** マイムツァー 女
犬	**câine** クィネ 男
犬が吠える。	Câinele latră.
猫	**pisică** ピスィカー 女
猫かぶりの女	femeie ipocrită [prefăcută]
兎	**iepure** イェプレ 男
兎狩り	vânătoare de iepuri
ねずみ	**șoarece** シォアレチェ 男
ねずみを退治する	distruge șoarecii
鳥	**pasăre** パサレ 女

鶏	**găină** ガイナー / **pasăre** パサレ 女
ガチョウ	**gâscan** グスカン 男 / **gâscă** グスカー 女 (複 gâşte グシテ)
七面鳥	**curcan** クルカン 男 / **curcă** クルカー 女
アヒル	**raţă** ラツァー 女 / **răţoi** ラツォイ 男
カラス	**cioară** チォアラー 女
カラスの群れ	stol de ciori
鳩	**porumbel** ポルムベル 男
植物	**plantă** プランター 女
植物園	grădină botanică
熱帯植物	plante tropicale / vegetaţie tropicală
木	**pom** ポム / **copac** コパク 男
…に木を植える	planta pomi în ...
花	**floare** フロァレ 女 (複 flori フロリ)
花屋	florărie
葉	**frunză** フルンザー 女
紅葉	îngălbenirea frunzelor
桜	**cireş** チレシ 男
桜の花	flori de cireş
満開の桜	cireşi înfloriţi complet
バラ	**trandafir** トゥランダフィル 男
バラ園	grădină de trandafiri
虫	**vierme** ヴィェルメ 男 / **gâze** グゼ 女複 / **insecte** インセクテ 女複
蜘蛛	**păianjen** パイアンジェン 男
みつばち	**albină** アルビナー 女
みつばちの群れ	roi de albine

自 然

海	**mare** マレ 女 (複 mări マリ)
海に囲まれた国	țară înconjurată de mări
大洋	**ocean** オチェアン 中
海岸	**țărmul mării** ツァルムル マリイ 中
沿岸	**litoral** リトラル 中
波	**val** ヴァル 中
波に漂う	pluti pe valuri
地震	**cutremur** クトゥレムル 中
余震	replică (a unui cutremur mare)
津波	**tsunami** ツナミ 中 不変
島	**insulă** インスラー 女
島の	insulară
島国	țară insulară
半島	**peninsulă** ペニンスラー 女
山	**munte** ムンテ 男
山に登る	urca pe munte
山脈	**lanț muntos** ランツ ムントス 中
カルパチア山脈	lanțul munților Carpați
高原	**podiș** ポディシ 中
平原	**câmpie** クムピィエ 女
野原	**șes** シェス 中 / **câmpie** クムピィエ 女
畑	**tarla** タルラ 女 / **ogor** オゴル 中
火山	**vulcan** ヴゥルカン 男
丘	**deal** デアル 中
森	**pădure** パドゥレ 女
林	**crâng** クルング 中 / **pădurice** パドゥリチェ 女

湖	**lac** ラク 中
沼	**mlaştină** ムラシティナー 女
池	**iaz** イアズ 中
滝	**cascadă** カスカダー 女
川	**râu** ルウ 中
小川	**pârâu** プルウ 中
河	**fluviu** フルヴィゥ 中
谷	**vale** ヴァレ 女（複 văi ヴァイ）
洞窟	**peşteră** ペシテラー / **grotă** グロター / **cavernă** カヴェルナー 女
土、地面	**pământ** パムント 中
砂漠	**deşert** デシェルト 中
火	**foc** フォク 中
ガス	**gaz** ガズ 中（複 gaze ガゼ）
石油	**petrol** ペトゥロル 中 不変
石油の	petrolier
石炭	**cărbune** カルブネ 男
石炭の	carbonifer
原子力	**energie nucleară** エネルジィイェ ヌクレアラー / **putere nucleară** プテレ ヌクレアラー 女
電気	**electricitate** エレクトゥリチタテ 女
エネルギー	**energie** エネルジィイェ 女
電気エネルギー	energie electrică
自然	**natură** ナトゥラー 女
環境	**mediu înconjurător** 中 メディゥ ウンコンジゥラトル
環境保護	protejarea mediului înconjurător

地理・国名

ヨーロッパ	**Europa** エウロパ
ヨーロッパ連合	Uniunea Europeană / 略 UE
アジア	**Asia** アスィア
アフリカ	**Africa** アフリカ
アメリカ	**America** アメリカ
ルーマニア	**România** ロムニア
ハンガリー	**Ungaria** ウンガリア
ポーランド	**Polonia** ポロニア
チェコ	**Cehia** チェヒア
スロバキア	**Slovacia** スロヴァチア
ブルガリア	**Bulgaria** ブルガリア
セルビア	**Serbia** セルビア
ウクライナ	**Ucraina** ウクラィナ
ロシア	**Rusia** ルスィア
イギリス	**Anglia** アングリア
ドイツ	**Germania** ジェルマニア
フランス	**Franța** フランツァ
イタリア	**Italia** イタリア
スペイン	**Spania** スパニア
日本	**Japonia** ジャポニア
中国	**China** キナ
東洋	**Orient** オリィエント
中東	**Orientul Mijlociu** オリィエントゥル ミジロチゥ
極東	**Extremul Orient** エクストゥレムル オリィエント
大陸	**continent** コンティネント 中
世界	**lume** ルメ 女 / **univers** ウニヴェルス 中
北極	**Polul Nord** ポルル ノルド

南極	**Polul Sud** ポルル スド
赤道	**ecuator** エクアトル 中
国	**țară** ツァラー 女
首都	**capitală** カピタラー / **metropolă** メトゥロポラー 女
県	**prefectură** プレフェクトゥラー 女 / **județ** ジュデツ 中
市	**municipiu** ムニチピゥ 中
町	**oraș** オラシ 中
村	**comună** コムナー 女
人口	**populație** ポプラツィイェ 女
共和国	**republică** レプブリカー 女
国境	**graniță** グラニツァー / **frontieră** フロンティイェラー 女
国境地帯	zonă de frontieră
時差	**fus orar** フス オラル 中
地区	**zonă** ゾナー 女 / **cartier** カルティイェル / **sector** セクトル 中
都市	**oraș** オラシ 中
地方	**ținut** ツィヌト 中 / **regiune** レジゥネ / **provincie** プロヴィンチイェ 女
関東地方	regiunea Kanto
大西洋	**Oceanul Atlantic** オチェァヌル アトゥランティク
太平洋	**Oceanul Pacific** オチェァヌル パチフィク
大河	**fluviu** フルヴィゥ 中
地図	**hartă** ハルター 女
この地域の地図を下さい。	Dați-mi, vă rog, harta acestei zone.

色・素材

色	**culoare** クロアレ 女 (複 culori クロリ)
青い	**albastru** アルバストゥル 形
	(女 albastră アルバストゥラー)
赤い	**roşu** ロシゥ 形 (女 roşie ロシイェ)
黄色い	**galben** ガルベン 形
黒い	**negru** ネグル 形 (女 neagră ネアグラー)
	negri ネグリ 複 (女 negre ネグレ)
白い	**alb** アルブ 形 (女 albă アルバー)
	albi アルビ 複 (女 albe アルベ)
茶色の	**maro** マロ 形 不変
灰色の	**cenuşiu** チェヌシィゥ 形
	(女 cenuşie チェヌシイェ)
	cenuşii チェヌシイ 複
緑色の	**verde** ヴェルデ 形 (複 verzi ヴェルズィ)
紫色の / スミレ色の	**violet** ヴィオレト 形
綿	**bumbac** ブムバク 中
綿製の	de bumbac
綿織物	ţesături de bumbac
綿織物工場	fabrică de ţesături de bumbac
絹	**mătase** マタセ 女
絹織物	ţesături de mătase
ウール	**lână** ルナー 女
ウールの	de lână / din lână
皮・革	**piele** ピェレ 女
革製品	produse de piele
革靴	pantofi de piele

紙	**hârtie** フルティイェ 女
紙に書く	scrie pe hârtie
紙一枚	o foaie de hârtie
プラスチックの	**(de) plastic** (デ) プラスティク 形
ガラス	**sticlă** スティクラー 女
ゴム	**cauciuc** カウチュク 中
ゴムの長靴	cizme de cauciuc
陶器	**ceramică** チェラミカー 女 / **vase de ceramică** ヴァセ デ チェラミカー 中
陶芸家	ceramist
金属	**metal** メタル 中
貴金属	metal prețios (複 metale prețioase)
金	**aur** アウル 中
金色の	auriu
金メッキ	placat cu aur
金の延べ棒	lingou de aur
銀	**argint** アルジィント 中
銀の匙	lingură de argint
銀色の	argintiu / argintie
銅	**cupru** クプル 中 / **aramă** アラマー 女
銅色の	arămiu / arămie
鉄	**fier** フィエル 中
鋳鉄	fontă
プラチナ	**platină** プラティナー 女
アルミニウム	**aluminiu** アルミニゥ 中
鋼	**oțel** オツェル 中
ステンレス（スチール）	**inox** イノクス 中 / **oțel inoxidabil** オツェル イノクスィダビル

感情を示す表現

感情	**sentimente** センティメンテ 中複
愛、恋	**iubire** イゥビレ / **dragoste** ドゥラゴステ 女
愛する	iubi
友情	**prietenie** プリィェテニィェ 女
友情のある	prietenos
友情をもって	cu prietenie
嫉妬	**gelozie** ジェロズィィェ 女
嫉妬する	fi gelos / fi geloasă
微笑み	**zâmbet** ズムベト 中
微笑む	**zâmbi** ズムビ 動
泣く	**plânge** プルンジェ 動
笑う	**râde** ルデ 動
感じる	**simți** スィムツィ 動
痛みを感じる	simți o durere
孤独を感じる	se simți singur
気の毒に思う	**avea milă (de)** アヴェア ミラー (デ) / **compătimi** コムパティミ 動
驚く	**se mira** セ ミラ / **se speria** セ スペリア 再
喜ぶ	**se bucura** セ ブクラ 再
怒る	**se supăra** セ スパラ 再
悲しい	**trist** トゥリスト 形 (女 tristă トゥリスター)
悲しむ	**se întrista** セ ウントゥリスタ 再
嬉しい	**bucuros** ブクロス 形
恥ずかしい	**rușinos** ルシノス 形
恥ずかしがる	se rușina
楽しい	**vesel** ヴェセル / **voios** ヴォイオス 形

怖い	**teribil** テリビル / **de temut** デ テムト 形
怖い（怖がる）	fi teamă de ...
犬が怖い。	Mi-e teamă de câine.
寂しい	**singuratic** スィングラティク 形
寂しく暮らす	duce o viață tristă
悔しい	**regretabil** レグレタビル 形
悔い	**regret** レグレト 中
悔やむ	regreta / a-i părea rău
憤慨	**indignare** インディグナレ 女
憤慨する	se indigna 再
安心	**liniște** リニシテ 女
不安	**neliniște** ネリニシテ 女
感動	**emoție** エモツィイェ / **înduioșare** ウンドゥイオシャレ 女
感動する	**fi impresionat** フィ イムプレスィオナト
満足	**satisfacție** サティスファクツィイェ / **mulțumire** ムルツミレ 女
満足する	**se mulțumi** セ ムルツミ 再 / **fi satisfăcut** フィ サティスファクト
感激	**entuziasm** エントゥズィアスム 中 / **emoție** エモツィイェ 女
感激する	**se entuziasma** セ エントゥズィアスマ / **se emoționa** セ エモツィオナ 再
がっかりする	**se descuraja** セ デスクラジャ 再
残念だ。	**E [este] păcat.** イェ [イェステ] パカト
憂鬱	**melancolie** メランコリイェ 女 / **dezgust de viață** デズグスト デ ヴィアツァー / **plictis** プリクティス 中

223

人の描写

(背が) 高い	**înalt** ウナルト 形 (女 înaltă ウナルター)
	înalți ウナルツィ 複 (女 înalte ウナルテ)
背が高い男性	bărbat înalt
(背が) 低い	**scund** スクンド 形 (女 scundă スクンダー)
	scunzi スクンズィ 複 (女 scunde スクンデ)
背が低い女性	femeie scundă
太った	**gras** グラス 形 (女 grasă グラサー)
痩せた	**slab** スラブ 形 (女 slabă スラバー)
痩せた老人	bătrân slab
病気してから痩せた。	A slăbit după ce s-a îmbolnăvit.
美しい	**frumos** フルモス 形
	(女 frumoasă フルモアサー)
美しい女性	femeie frumoasă
醜い	**urât** ウルト 形
可愛い	**drăguț** ドゥラグツ 形
可愛い子	copil drăguț
賢い	**inteligent** インテリジェント /
	înțelept ウンツェレプト 形
愚かな	**stupid** ストゥピド / **prost** プロスト 形
上品な	**distins** ディスティンス /
	elegant エレガント 形
忙しい	**ocupat** オクパト 形
金持ちの	**bogat** ボガト 形
貧乏な	**sărac** サラク 形
陽気な	**vesel** ヴェセル 形
陽気な人	om vesel
活発な	**activ** アクティヴ 形

楽観的な	**optimist** オプティミスト 形
悲観的な	**pesimist** ペシミスト 形
正直な	**cinstit** チンスティト / **sincer** スィンチェル / **corect** コレクト 形
真面目な	**serios** セリオス / **onest** オネスト 形
親切な	**cumsecade** クムセカデ / **amabil** アマビル / **binevoitor** ビネヴォイトル 形
穏やかな	**calm** カルム / **liniştit** リニシティト 形
穏やかな人	om calm
厳しい	**sever** セヴェル 形
厳しいしつけ	disciplină severă
厳しい先生	profesor sever
優しい	**amabil** アマビル 形
冷静な	**calm** カルム / **cumpătat** クムパタト 形
神経質な	**nervos** ネルヴォス 形
しつこい	**insistent** インスィステント 形
忍耐強い	**răbdător** ラブダトル 形
内気な	**închis în sine** ウンキス ウン スィネ / **timid** ティミド / **sfios** スフィオス 形
わがままな	**capricios** カプリチォス / **mofturos** モフトゥロス 形
わがままな女性	femeie capricioasă
けちな	**zgârcit** ズグルチト 形
厚かましい	**obraznic** オブラズニク 形
高慢な	**îngâmfat** ウングムファト / **orgolios** オルゴリオス 形
臆病な	**fricos** フリコス / **laş** ラシ 形
臆病者	om laş [fricos]

日常で使う動詞①

ある	**fi** フィ / **exista** エクスィスタ 動 / **se afla** セ アフラ / **se găsi** セ ガスィ 再
(所有)	**avea** アヴェア 動
熱いコーヒーありますか?	Aveți cafea fierbinte?
いる	**fi** フィ 動 / **se afla** セ アフラ / **se găsi** セ ガスィ 再
彼は学校にいる。	El este la școală.
持つ	**avea** アヴェア / **ține** ツィネ 動
両手で持つ	ține cu ambele mâini
家庭を持つ	avea familie
待つ	**aștepta** アシテプタ 動
住む	**locui** ロクイ 動
眠る	**dormi** ドルミ 動
ぐっすり眠る	dormi profund
遊ぶ	**se juca** セ ジュカ 再
火遊びをするな!	Nu vă jucați cu focul!
起きる	**se trezi** セ トゥレズィ / **se scula** セ スクラ 再
彼は早起きする。	El se trezește devreme.
立つ	**se ridica** セ リディカ 再
立っている。	Stă în picioare.
立ち入り禁止!	Intrarea interzisă!
座る	**se așeza** セ アシェザ 再
椅子に座っている。	Stă pe scaun.
歩く	**merge** メルジェ 動
散歩する	**se plimba** セ プリムバ 再
走る	**alerga** アレルガ 動

来る	**veni** ヴェニ 動
行く	**merge** メルジェ 動
散歩に行く	merge la plimbare
帰る	**se întoarce** セ ウントァルチェ / **se înapoia** セ ウナポイァ 再
実家に帰ります。	Mă întorc la casa părintească.
入る	**intra** イントゥラ 動
お入りください。	Intrați, vă rog!
出る / 出かける	**ieşi** イェシ / **pleca** プレカ 動
家を出る	ieşi din casă / pleca de-acasă
戻る	**se înapoia** セ ウナポイァ / **se întoarce** セ ウントァルチェ 再
すぐ戻ります。	Mă întorc imediat.
故郷に戻る	se înapoia în locul [satul] natal
始まる	**se începe** ウンチェペ 再
学校は4月に始まる。	Școlile se încep în luna aprilie.
終わる	**se termina** セ テルミナ / **se sfârşi** セ スフルシ 再
勤務が終わった。	Lucrul s-a terminat.
続く	**urma** ウルマ / **succeda** スクチェダ / **continua** コンティヌア 動
冬が秋に続く。	Iarna urmează după toamnă.
信じる	**crede** クレデ 動
信じ易い人	persoană naivă [credulă]
信じ難い	greu de crezut
知る	**şti** シティ / **cunoaşte** クノアシテ 動
彼はルーマニア語を知っている。	El ştie limba română.
彼女はロシア語を知らない。	Ea nu ştie limba rusă.

日常で使う動詞②

する	**face** ファチェ 動
計算をする	face un calcul
3+6は9	trei plus şase fac nouă

できる	**putea** プテア 助 / **se putea** セ プテア 再
どうにもできない。	Nu se poate face nimic.
できれば…	dacă se poate ... / dacă e posibil

見る	**vedea** ヴェデア 動
見える	**se vedea** セ ヴェデア 再
遠くから学校が見える。	Şcoala se vede din depărtare.
もう見えなくなる。	Nu se mai vede.

聞く	**auzi** アウズィ 動
聞こえる	**se auzi** セ アウズィ 再 (3人称のみ)
聴く	**asculta** アスクルタ 動
ラジオで聴く	asculta la radio

におう	**mirosi** ミロスィ 動

使う	**folosi** フォロスィ 動
使いにくい	greu de folosit

与える	**da** ダ 動
忠告を与える	da sfaturi [un sfat]

作る	**face** ファチェ 動
友達を作る	a-şi face prieteni

呼ぶ	**chema** ケマ 動
会う	**întâlni** ウントゥルニ 動
出会う	**se întâlni** セ ウントゥルニ 再

求める	**cere** チェレ 動
許可を求める	cere permisiunea
助けを求める	cere ajutor

考える	**gândi** グンディ 動
決める	**hotărî** ホタル 動
運ぶ	**transporta** トゥランスポルタ / **căra** カラ 動
置く	**lăsa** ラサ 動
ドアを開けておく	lăsa uşa deschisă
言っておく	preveni / spune dinainte
変える	**schimba** スキムバ 動
捜す	**căuta** カウタ 動
見つける	**găsi** ガスィ 動
押す	**împinge** ウムピンジェ 動
ドアを押してください。	Împingeţi uşa, vă rog!
引く	**trage** トゥラジェ 動
開ける	**deschide** デスキデ 動
開く	**se deschide** セ デスキデ 再
扉が開きます。	Uşa se deschide.
閉める	**închide** ウンキデ 動
閉まる	**se închide** セ ウンキデ 再
締める	**strânge** ストゥルンジェ 動
壊す	**dărâma** ダルマ / **distruge** ディストゥルジェ 動
借りる	**împrumuta** ウムプルムタ 動 / **lua cu împrumut** ルア ク ウムプルムト
貸す	**da cu împrumut** ダ ク ウムプルムト
失う	**pierde** ピェルデ 動
洗う	**spăla** スパラ 動
乗る	**urca** ウルカ 動
降りる	**coborî** コボル 動

229

形容詞①

丸い	**rotund** ロトゥンド 形
丸いテーブル	masă rotundă / mese rotunde 複
四角い	**pătrat** パトゥラト 形
四角い部屋	cameră pătrată / camere pătrate 複
大きい	**mare** マレ 形 (複 mari マリ)
小さい	**mic** ミク 形 (女 mică ミカー)
	mici ミチ 複 不変
重い	**greu** グレウ 形 (女 grea グレア)
	grei グレイ 複 (女 grele グレレ)
軽い	**uşor** ウシォル 形 (女 uşoară ウシォアラー)
	uşori ウシォリ 複 (女 uşoare ウシォアレ)
広い	**vast** ヴァスト / **larg** ラルグ / **lat** ラト 形
狭い	**strâmt** ストゥルムト / **îngust** ウングスト 形
長い	**lung** ルング 形 (女 lungă ルンガー)
	lungi ルンジィ 複 不変
短い	**scurt** スクルト 形 (女 scurtă スクルター)
	scurţi スクルツィ 複 (女 scurte スクルテ)
太い	**gros** グロス 形 (女 groasă グロアサー)
	groşi グロシ 複 (女 groase グロアセ)
細い	**subţire** スブツィレ 形 (女 subţiri スブツィリ)
垂直な	**vertical** ヴェルティカル 形
斜めの	**oblic** オブリク / **înclinat** ウンクリナト 形
硬い	**tare** タレ 形 (男女同形) (複 tari タリ)
柔らかい	**moale** モァレ 形 (複 moi モイ)
強い	**puternic** プテルニク / **tare** タレ 形
弱い	**slab** スラブ 形 (女 slabă スラバー)

明るい	**luminos** ルミノス 形
	(女 luminoasă ルミノアサー)
	luminoși ルミノシ 複
	(女 luminoase ルミノアセ)
暗い	**întunecat** ウントゥネカト 形
遠い	**îndepărtat** ウンデパルタト 形
遠い地域	zonă îndepărtată
近い	**apropiat** アプロピアト 形
古い	**vechi** ヴェキ 形 (女 veche ヴェケ)
	vechi ヴェキ 複 不変
古くからの女友達	prietenă veche
新しい	**nou** ノウ 形 (女 nouă ノウァー)
	noi ノイ 複
新しいドレス	rochie nouă / rochii noi 複
新しい靴	pantofi noi
簡単な	**simplu** スィムプル 形 (女 simplă スィムプラー)
	simpli スィムプリ 複 (女 simple スィムプレ)
簡単な質問	întrebare simplă / întrebări simple
難しい	**greu** グレウ 形 (女 grea グレア)
	grei グレイ 複 (女 grele グレレ)
難しい計算	calcul greu / calcule grele 複
複雑な	**complicat** コムプリカト 形
複雑な関係	relații complicate
同じ	**același** アチェラシ 形 (指示)
	(女 aceeași アチェイェアシ)
違った	**diferit** ディフェリト 形

注：形容詞の性・数は名詞の性・数と一致します。

形容詞②

重要な	**important** イムポルタント 形
完全な	**perfect** ペルフェクト / **integral** インテグラル 形
詳しい	**amănunțit** アマヌンツィト / **detaliat** デタリアト 形
詳しい説明	explicații amănunțite
素晴らしい	**minunat** ミヌナト / **splendid** スプレンディド 形
有名な	**renumit** レヌミト 形
有名な詩人	poet renumit
可能な	**posibil** ポスィビル 形
興味深い	**foarte interesant** 形 フォアルテ インテレサント
必要な	**necesar** ネチェサル 形
必要経費	cheltuieli necesare
静かな	**liniștit** リニシティト / **calm** カルム 形
うるさい	**zgomotos** ズゴモトス / **gălăgios** ガラジオス / **plictisitor** プリクティスィトル 形
特別な	**special** スペチアル 形
普通の	**obișnuit** オビシヌイト / **normal** ノルマル 形
清潔な	**curat** クラト 形
清潔な部屋	cameră curată
汚い	**murdar** ムルダル 形
汚くなる	se murdări
嫌な	**dezgustator** デズグスタトル 形
本当の	**adevărat** アデヴァラト /

	veritabil ヴェリタビル 形
本当の事を言う	spune adevărul
偽の	**fals** ファルス / **falsificat** ファルスィフィカト 形
偽の証言	depoziție [mărturie] falsă
安全な	**sigur** スィグル 形
安全な場所	loc sigur
危ない	**periculos** ペリクロス / **riscant** リスカント / **primejdios** プリメジディオス 形
危ないカーブ	curbă periculoasă
危険な人	om periculos
上手な	**priceput** プリチェプト / **îndemânatic** ウンデムナティク 形
上手な職人	meșteșugar [meseriaș] priceput
上手なコック	bucătar îndemânatic
下手な	**nepriceput** ネプリチェプト / **rău** ラウ / **prost** プロスト / **stângaci** ストゥンガチ 形
下手な冗談	glumă proastă
親しい	**intim** インティム / **familiar** ファミリアル 形
親しい間柄	relații intime
自由な	**liber** リベル 形 (女 liberă リベラー)
自由な国	țară liberă
健康な	**sănătos** サナトス 形
健康な身体	corp sănătos
健全な思想	gândire sănătoasă
病気の	**bolnav** ボルナヴ 形
勤勉な	**harnic** ハルニク / **silitor** スィリトル / **sârguincios** スルグインチォス 形
勤勉な生徒	elev silitor [harnic / sârguincios]

副詞

…ない	**nu** ... ヌ 副
断言できない。	Nu se poate afirma.
すぐに	**imediat** イメディアト 副
すぐに返事をする	răspunde imediat
突然	**deodată** デオダター / **brusc** ブルスク 副
突然に現れる	apărea brusc
既に	**deja** デジァ 副
既に伝えました。	(Eu / noi) Am transmis deja.
まだ	**încă** ウンカー / **mai** マイ 副
まだ時間がある。	Mai avem timp.
一度も…ない	**niciodată** ニチォダター 副
一度も行っていない。	N-am mers niciodată.
とても	**foarte** フォアルテ 副
とても寒いです。	Este foarte frig.
あまり…ない	**nu prea** ... ヌ プレァ 副
あまり遠くはない 。	Nu este prea departe.
一人で	**de unul singur** デ ウヌル スィングル / **singur** スィングル 副
(私は) 一人で働いている。	(Eu) Lucrez (de unul) singur.
至る所に / 至る所で	**pretutindeni** プレトゥティンデニ 副
いつも	**totdeauna** トトゥデァウナ 副
彼はいつも忙しい。	El este totdeauna ocupat.
しばしば	**deseori** デセオリ 副
私はしばしばここに来ます。	Eu vin deseori aici.
時々	**din când în când** ディン クンド ウン クンド / **uneori** ウネオリ 副
時々雨が降る。	Din când în când plouă.

ほとんど	**aproape** アプロアペ / **cam** カム 副	
ほとんどの場合には	în majoritatea cazurilor	
ほとんど同じものだ。	Este cam același lucru.	
ほとんど不可能だ。	Este aproape imposibil.	
多分	**s-ar putea ...** サル プテア / **probabil** プロバビル 副	
多分彼女は来ない。	S-ar putea ca ea să nu vină.	
全く	**total** トタル / **complet** コムプレト 副	
全く違います。	Este total diferit.	
かなり	**destul (de)** デストゥル (デ) 副	
かなりよく働きます。	Lucrează destul de bine.	
単に	**(în mod) simplu** (ウン モド) スィムプル / **doar** ドアル / **numai** ヌマイ 副	
単に彼の問題だ。	Este numai [doar] problema lui.	
再び	**din nou** ディン ノウ / **iar** イアル 副	
少し	**puțin** プツィン 副	
私にも少し下さい。	Dați-mi și mie puțin, vă rog!	
もうすぐ	**îndată** ウンダター / **în curând** ウン クルンド	
もうすぐ梅雨が明ける。	În curând se termină sezonul ploios.	
特に	**în special** ウン スペチアル / **mai ales** マイ アレス 副	
…でさえも	**chiar și** キャル シ 副	
その時でさえも	chiar și atunci	
最も	**cel mai** チェル マイ 副	
最もよい例です。	Este cel mai bun exemplu.	
実に / 誠に / 本当に	**într-adevăr** ウントゥラデヴァル 副	
実に面白い。	Într-adevăr, este interesant.	
必ず	**cu siguranță** ク スィグランツアー 副	

索引

数字
- 0　160
- 1　160
- 2　160
- 3　160
- 4　160
- 5　160
- 6　160
- 7　160
- 8　160
- 9　160
- 10　160
- 11　160
- 12　160
- 13　160
- 14　160
- 15　160
- 16　160
- 17　160
- 18　160
- 19　160
- 20　160
- 21　160
- 30　160
- 40　160
- 50　160
- 60　160
- 70　160
- 80　161
- 90　161
- 100　161
- 200　161
- 1,000　161
- 1月　162
- 2月　162
- 3月　162
- 4月　162
- 5月　162
- 6月　162
- 7月　162
- 8月　162
- 9月　162
- 10月　162
- 11月　162
- 12月　162

アルファベット
- CD　181
- CDプレーヤー　181
- DVD　181
- DVDレコーダー　181
- Eメール　189
- Tシャツ　182

あ
- 愛　222
- アイスクリーム　197
- 間　209
- アイロン　180
- 会う　228
- 青い　220
- 赤い　220
- 明るい　231
- 赤ん坊　172
- 秋　164
- あく（灰汁）　193
- 開く　229
- 開く（店が）　198
- 開ける　229
- 揚げる　193
- 朝　166
- 明後日　166
- 脚　171
- 足　171
- 味　193
- アジア　218
- 明日　166
- あそこで　208
- 遊ぶ　226
- 与える　228
- 温める　193
- 頭　171
- 新しい　231
- 暑い　164
- 厚かましい　225
- 宛先　189
- 宛名　189
- 後に　167
- あなた　168
- あなた方　168
- あなた達　168
- 兄　169
- 姉　169
- あの　168
- アパート　176
- アヒル　215
- 危ない　233
- 油　192
- アフリカ　218
- 甘い　193
- 甘菓子パン　197
- あまり…ない　234
- 飴　197
- 雨　165
- アメリカ　218
- 洗う　229
- 嵐　165
- ありがとう　158
- ある　226
- 歩く　226
- アルコール飲料　191
- アルバイト　203
- アルバム　179
- アルミニウム　221
- あれ　168
- 泡　193
- 安心　223
- あんず　195
- 安全な　233

い
- 言う　158
- 家　176

以下 174
生き物 214
イギリス 218
生きる 173
行く 227
いくつ 168
いくら 168
池 217
医者 202
以上 174
椅子 177
忙しい 224
痛む 186
炒める 193
イタリア 218
至る所に 234
いちご 195
イチジク 195
一度も…ない 234
市場 198
一昨日 166
いつも 234
いとこ 169
稲光 165
犬 214
命→生命 172
衣服 182
居間 176
妹 169
嫌な 232
イヤリング 185
入口 209
いる 226
色 220
いんげん豆 194
インターネット 189
インフルエンザ 187

う
ウール 220
ウエイター 203
植木屋 203
上に 208
ウェブサイト 189
ウクライナ 218
受取人 189
兎 214
牛 214
失う 229
後ろに/後ろへ 209
内気な 225
宇宙飛行士 203
美しい 224
腕 171
腕時計 185
馬 214
海 216
売る 198
うるさい 232
嬉しい 222
上着 182
運転手 211
運転する 211
運命 172

え
エアコン 180
映画 205
駅 210
エネルギー 217
絵葉書 188
エレベーター 177
円（通貨）199
沿岸 216
鉛筆 179

お
甥 169
美味しい 193
往復 212
多い 174

狼 214
大きい 230
多く 174
大通り 211
オートバイ 210
オーバーコート 182
オーブン 180
丘 216
お金 198
小川 217
起きる 226
置く 229
臆病な 225
怒る 222
伯父/叔父 169
教える 201
押す 229
雄 214
遅く 167
おたま 192
穏やかな 225
夫 169
弟 169
男 172
男の子 172
一昨日 166
大人 172
驚く 222
おなか→腹 171
同じ 231
伯母/叔母 169
おはよう 158
覚える 201
重い 230
重さ 175
親→両親 169
泳ぐ 205
降りる 229
オリンピック 204
オレンジ 195
愚かな 224

237

終わる 227
女 172
女の子 172

か

カーテン 178
カーペット 179
回 175
階 175
海岸 216
外国 212
会社 202
会社員 202
階段 177
買い物 198
買う 198
帰る 227
変える 229
顔 170
画家 203
鏡 185
柿 195
鍵 179
書留 188
書く 201
家具 177
学生 200
傘 184
火山 216
菓子 197
賢い 224
歌手 202
貸す 229
数 161
ガス 217
風 165
風邪 186
家族 169
ガソリン 211
ガソリンスタンド 211
肩 171

硬い 230
肩かけ 184
ガチョウ 215
勝つ 204
がっかりする 223
学校 200
活発な 224
カツレツ（豚）190
悲しい 222
悲しむ 222
必ず 235
かなり 235
金→お金 198
金持ちの 224
可能な 232
彼女 168
彼女ら 168
鞄 213
花瓶 179
かぼちゃ 194
カマス 196
紙 221
髪 170
剃刀 178
雷 165
カメラ 181
火曜日 163
辛い 193
からし 192
カラス 215
ガラス 221
体 170
カリフラワー 194
借りる 229
カリン 195
軽い 230
彼 168
彼ら 168
カレンダー 162
河 217
川 217
皮・革 220

可愛い 224
缶 179
考える 229
環境 217
関係 207
感激 223
感激する 223
観光 213
看護師 203
患者 187
勘定 198
感情 222
感じる 222
関税 213
完全な 232
簡単な 231
缶詰 179
感動 223
感動する 223

き

木 215
きいちご 195
黄色い 220
キウイ 195
気温 164
議会 206
聴く 228
聞く 228
気候 164
聞こえる 228
技師 202
記者 202
季節 164
北 208
汚い 232
切手 189
狐 214
切符 212
絹 220
記念日 163
昨日 166

キノコ 194
気の毒に思う 222
厳しい 225
君 168
君達 168
決める 229
客 198
キャビアー 196
キャベツ 194
キャンデー 197
休暇 163
救急 187
救急車 187
休日 163
牛肉 196
牛乳 191
きゅうり 194
給料 202
今日 166
教科書 201
教師 203
教室 200
興味深い 232
共和国 219
極東 218
霧 165
キリン 214
きれいな
　→美しい 224
　→清潔な 232
切る 193
着る 182
キログラム 175
キロメートル 175
金 221
銀 221
銀行 207
金属 221
勤勉な 233
金曜日 163

く
悔い 223
空港 211
櫛 185
薬 187
果物 194
口 170
唇 170
口紅 185
靴 183
クッキー 197
靴下 183
国 219
首 171
熊 214
雲 165
蜘蛛 215
曇り 165
悔しい 223
暗い 231
グラス 192
グラム 175
栗 195
グリーンピース 194
クリスマス 163
来る 227
車→自動車 210
クルミ 195
クレープ 197
グレープフルーツ 195
クレジットカード 199
黒い 220
詳しい 232

け
警官 203
経済 206
警察 207
携帯電話 189

ケーキ 197
ゲーム 205
怪我 186
外科 187
消しゴム 179
化粧 185
化粧品 185
けちな 225
結局 167
結婚 173
月曜日 163
下痢 186
県 219
喧嘩 207
現金 199
健康 186
健康な 233
原子力 217
建築家 203

こ
恋 222
コイ（魚） 196
恋人 173
公園 207
合格 200
高価な 199
講義 201
公共の 207
航空便 188
高原 216
高校 200
交差点 211
香水 185
高速道路 211
紅茶 191
交通 210
高慢な 225
公務員 202
コート 182
コーヒー 191
国際的な 207

239

国籍 212
国内 212
国民 206
ここに / ここへ / ここで 208
午後に 166
小皿 192
腰 171
胡椒 192
小銭 199
小銭入れ 184
午前 166
答え 201
国会 206
国境 219
小包 188
コップ 192
子供 172
この 168
ご飯 197
拳 171
ごみ 178
ゴム 221
小麦 197
米 197
これ 168
怖い 223
壊す 229
コンセント 181
こんな 168
こんにちは 158
今晩 166
婚約 173
婚約者 173

さ

歳 175
最近 167
最後 167
最後に 167
祭日 163
最初に 167

サイズ 183
財布 185
…さえも → …でさえも 235
捜す 229
魚 196
昨日 166
桜 215
さくらんぼ 195
ザクロの実 195
酒 191
サケ（魚）196
差出人 188
撮影する 213
作家 203
サッカー 204
雑誌 205
砂糖 192
サバ 196
砂漠 217
寂しい 223
寒い 164
さやいんげん 194
さようなら 158
皿 192
サラダ 190
サラダ菜 194
サラミ 196
猿 214
サングラス 184
サンドウイッチ 197
散歩 205
散歩する 226
山脈 216

し

市 219
時 166
試合 204
シーツ 178
塩 192

四角い 230
時間 166
試験 200
仕事 202
時差 219
地震 216
静かな 232
自然 217
舌 170
下着 183
親しい 233
下に / 下へ 208
七面鳥 215
七面鳥の肉 196
湿気 164
しつこい 225
嫉妬 222
実に 235
市電 210
辞典 201
自転車 210
児童 200
自動車 210
死ぬ 173
しばしば 234
紙幣 199
島 216
閉まる 229
閉まる（店が）198
事務 203
締める 229
閉める 229
地面 217
社会 206
じゃがいも 194
ジャケット 182
車庫 176
写真 213
社長 202
車両 210
シャワー 178
シャンプー 178

シャンペン 191
週 162
住所 189
ジュース 191
じゅうたん→カーペット 179
自由な 233
週末 163
重要な 232
授業 200
祝日 163
手術 187
首相 206
出産 173
出発 212
首都 219
主婦 203
趣味 204
生姜 194
正午 166
正直な 225
少女 172
上手な 233
少年 172
商売人 203
上品な 224
情報 188
消防士 207
ショール 184
食事 193
食堂 190
職人 203
植物 215
序数詞 161
女性 172
食器 192
食器洗い機 180
しょっぱい 193
女優 202
知る 227
白い 220
神経質な 225

信号 211
人口 219
信号機 211
診察 187
寝室 176
信じる 227
人生 172
親切な 225
心臓 171
診断 187
新聞 179
親類 169

す

酢 192
水泳 205
スイカ 195
垂直な 230
スイッチ 181
水道 178
水曜日 163
数詞 161
数字 161
スーツ 182
スーツケース 213
スーパーマーケット 198
スープ 190
スカート 182
スキー 205
少ない 174
すぐに 234
スケート 205
少し 235
少しの 174
スタジアム 204
頭痛 186
酸っぱい 193
既に 234
ステンレス(スチール) 221
ストーブ 180

ストッキング 183
スパゲティ 197
素晴らしい 232
スプーン 192
スペイン 218
スポーツ 204
ズボン 182
スミレ色の 220
住む 226
すもも 195
スリッパ 183
する 228
スロバキア 218
座る 226

せ

清潔な 232
政治 206
青春 172
生徒 200
政党 207
青年 172
政府 206
制服 182
生命 172
セーター 182
世界 218
咳 187
席 213
石炭 217
赤道 219
石油 217
世代 172
石鹸 178
セットメニュー 190
背中 171
狭い 230
セルビア 218
セロリ 194
選挙 206
前菜 190

241

選手 204
先生 200
洗濯 178
洗濯機 180
全部 174
洗面所 178

そ
象 214
葬儀 173
掃除 178
葬式 173
掃除機 181
速達 188
そこへ 208
注ぐ 193
卒業する 200
外に / 外へ / 外で 209
その 168
傍に 209
祖父 169
ソファー 177
祖母 169
空 165
それ 168
そんな 168

た
第1の 161
第2の 161
第3の 161
第4の 161
第5の 161
第6の 161
第7の 161
第8の 161
第9の 161
第10の 161
退院する 187
大河 219
大学 200

大工 203
大臣 206
大豆 194
大西洋 219
体操 205
大統領 206
台所 176
台風 165
太平洋 219
太陽 165
大洋 216
大陸 218
タオル 178
高い (背が) 224
高い (価格が)
 →高価な 199
高さ 175
滝 217
沢山の 174
タクシー 210
正しい 201
立つ 226
棚 177
谷 217
楽しい 222
タバコ 179
多分 235
食べ物 193
食べる 193
卵 196
たまねぎ 194
試す 198
誰 168
誕生日 163
たんす 177
男性 172
単に 235

ち
血 186
小さい 230
チーズ 196

チーム 204
チェコ 218
チェス 205
地下 209
近い 231
違った 231
地下鉄 210
地区 219
チケット 212
地図 219
父 169
地方 219
茶 191
茶色の 220
中国 218
注射 187
駐車場 211
駐車する 211
昼食 193
中心 209
中東 218
彫刻家 203
チョウザメ 196
長寿 172
朝食 193
蝶ネクタイ 184
調味料 192
チョコレート 197
ちり取り 178
治療 187

つ
通信 188
使う 228
月 (暦の) 162
月 (天体の) 165
机 177
作る 228
土 217
続く 227
津波 216
壺 192

妻 169
爪 171
強い 230
釣り銭 199

て
手 171
出会う 228
ティースプーン 192
テーブル 177
テープレコーダー 181
デオドラント 178
出かける 227
手紙 188
できる 228
出口 209
デザート 190
…でさえも 235
鉄 221
テニス 204
デパート 198
手袋 184
出る 227
テレビ 180
店員 198
天気 164
電気 217
電車 210
天井 176
電子レンジ 180
電信 189
電信機 189
電池 179
電報 189
電話 189

と
ドイツ 218
トイレ 176
銅 221

陶器 221
洞窟 217
搭乗 212
到着 212
投票する 206
動物 214
東洋 218
道路 211
遠い 231
ドーナッツ 197
通り 211
時々 234
読書 205
独身者 169
特に 235
特別な 232
時計 184
都市 219
年 162
図書館 200
閉じる→閉める 229
突然 234
とても 234
隣に 209
どの 168
トマト 194
友達 173
土曜日 163
ドライヤー 181
トラック（陸上競技の）204
トランプ 205
鳥 214
取り消す 213
鶏肉 196
ドル 199
どれ 168
ドレス 182
トロリーバス 210
トン 175
トンネル 211

な
…ない 234
内科 187
ナイフ 192
長い 230
長さ 175
中に 209
長ねぎ 194
仲間 173
泣く 222
なす 194
夏 164
斜めの 230
何 168
鍋 192
名前 159
波 216
南極 219

に
におう 228
苦い 193
肉 196
肉屋 190
西 208
虹 165
偽の 233
日曜日 163
日本 218
荷物 212
入院 187
入学する（大学）200
ニュース 188
乳製品店 190
庭 176
庭師 203
鶏 215
妊娠 173
にんじん 194
忍耐強い 225
ニンニク 194

243

ぬ
沼 217

ね
ネクタイ 184
猫 214
ねずみ 214
値段 198
熱 186
ネッカチーフ 184
ネックレス 185
寝間着 183
眠る 226
年齢 172

の
農業（従事者）203
ノート 179
喉 171
野原 216
飲み物 191
飲み屋 190
飲む 191
乗り換える 211
乗る 229

は
歯 171
葉 215
パーセント 175
倍 175
パイ 197
灰色の 220
ハイキング 205
バイク→オートバイ 210
パイナップル 195
俳優 202
入る 227
パウンドケーキ 197
葉書 188

鋼 221
はく 182
履く 182
博物館 205
箱 179
運ぶ 229
はさみ 179
橋 211
始まる 227
パジャマ 183
場所 208
走る 226
バス 210
恥ずかしい 222
パスポート 212
パセリ 194
パソコン 189
バター 192
畑 216
働く 202
鳩 215
花 215
鼻 170
話す 159
母 169
幅 175
パパイヤ 195
パブ 190
歯ブラシ 178
歯磨き粉 178
ハム 196
早く 167
林 216
腹 171
バラ 215
春 164
バルコニー 176
晴れ 164
パン 197
ハンカチ 184
ハンガリー 218
番組 181

パンケーキ（ルーマニア風）197
パンツ 183
半島 216
ハンドバッグ 185
販売 198
販売する 198
半分 174
パン屋 190

ひ
火 217
日 163
ピアニスト 203
ビアホール 190
ピーナッツ 195
ピーマン 194
ビール 191
東 208
悲観的な 225
引く 229
低い（背が）224
飛行機 211
膝 171
ビザ 212
ピザ 197
肘 171
美術館 205
秘書 202
ビスケット 197
左に/左へ 208
羊 214
必要な 232
ビデオ 180
ビデオカメラ 181
人 172
人々 172
一人で 234
秘密 207
百万 161
冷やす 193
秒 166

病院 187
美容院 185
病気 187
病気の 233
美容師 203
開く 229
昼 166
ビル 207
広い 230
広場 207
瓶 179
便箋 189
貧乏な 224

ふ

ファックス 189
不安 223
ブーツ 183
封筒 189
夫婦 169
フォーク 192
深鍋 192
服 182
複雑な 231
腹痛 186
ふた 192
豚 214
再び 235
豚肉 196
普通の 232
復活祭 163
筆箱 179
太い 230
ぶどう 195
太った 224
布団 177
船 210
吹雪 165
冬 164
フライパン 192
ブラウス 182
ブラシ 185

ブラジャー 183
プラスチックの 221
プラチナ 221
ブラックベリー 195
プラム 195
フランス 218
古い 231
ブルーベリー 195
ブルガリア 218
ブレスレット 185
プレゼント 207
風呂 178
ブローチ 185
分 166
憤慨 223

へ

平原 216
平日 163
下手な 233
ベッド 177
ベルト 182
ペン 179
勉強する 201
弁護士 202
編集者 203

ほ

貿易 207
方向 208
帽子 184
防臭剤 178
宝石 185
包丁 192
法律 206
ほうれん草 194
ポーランド 218
ボール 204
ボールペン 179
ポケット 183

星 165
ポスト 188
細い 230
ボタン 183
北極 218
ポテト 194
ホテル 213
歩道 211
ほとんど 235
頬 170
微笑み 222
微笑む 222
本 179
盆 192
本当に 235
本当の 232
翻訳者 203

ま

毎日 166
前に（時間）167
前に（場所）209
マカロニ 197
枕 179
負ける 204
孫 169
誠に 235
孫娘 169
真面目な 225
マス（魚）196
混ぜる 193
まだ 234
町 219
間違い 201
待つ 226
真っ直ぐに 209
全く 235
マッチ 179
マットレス 177
窓 176
マフラー 182
真夜中 166

245

丸い 230
漫画 205
マンゴー 195
マンション 176
満足 223
満足する 223
万年筆 179

み
見える 228
みかん 195
右に／右へ 208
未婚者 169
短い 230
水 191
湖 217
店 198
身だしなみ 185
道→道路 211
見つける 229
みつばち 215
緑色の 220
港 210
南 208
醜い 224
ミネラルウォーター 191
耳 170
土産 213
明後日 166
見る 228
民族衣装 182

む
向かいに 209
向こう 208
虫 215
蒸す 193
難しい 231
息子 169
娘 169
胸 171

胸やけがする 186
村 219
紫色の 220
無料の 199

め
目 170
姪 169
メインディッシュ 190
メートル 175
メール→Eメール 189
眼鏡 184
雌 214
メニュー 190
メロン 195
綿 220
免税 213

も
もうすぐ 235
毛布 178
木曜日 163
持つ 226
最も 235
求める 228
戻る 227
桃 195
森 216
門 176
問題 201

や
八百屋 190
やかん 192
焼く 193
約束 207
火傷 186
野菜 194
易しい→簡単な 231

優しい 225
安い 199
安く 199
痩せた 224
薬局 187
野党 207
屋根 176
山 216
柔らかい 230

ゆ
湯 192
憂鬱 223
夕方 166
友情 222
夕食 193
郵便 188
郵便為替 189
郵便局 188
有名な 232
ユーロ 199
床 176
雪 165
ゆっくり 167
ゆでる 193
指 171
指輪 185

よ
陽気な 224
洋梨 195
曜日 163
ヨーロッパ 218
浴室 176
与党 207
夜中 166
呼ぶ 228
読む 201
予約 213
夜 166
喜ぶ 222
宜しく伝える 159

弱い 230
四分の一 174

ら
ライオン 214
ライター 179
ラクダ 214
落第する 200
ラジオ 180
ラジカセ 180
楽観的な 225

り
理解する 201
リキュール 191
離婚 173
リモコン 181
量 174
両替 199
理容師 203
領収書 199
両親 169
料理 193

緑茶 191
旅行 212
りんご 194

る
ルーマニア 218

れ
レイ（ルーマニアの通貨） 199
冷静な 225
冷蔵庫 180
冷凍庫 180
レストラン 190
レモン 195
恋愛 173
練習する 201

ろ
廊下 176
老人 172
労働者 203
ロープウエイ 210

ロールキャベツ 190
録音 181
録画 181
ロシア 218
路面電車→市電 211

わ
ワイシャツ 182
ワイン 191
わがままな 225
若者 172
分かる→理解する 201
僅かな 174
私 168
私達 168
笑う 222
割引 199
ワンピース 182
ワンルームマンション 176

247

活用変化

1. 第 I 変化 (-a 語尾) 動詞の活用 [直説法現在]

ここで示す第 I 活用変化動詞は、1 人称単数の語尾が -ゼロかどうかで、2 つのタイプに分かれます。

		-ゼロタイプ		-ez タイプ	
		a pleca「出かける」・「出発する」		a lucra「働く」	a studia*「勉強する」
単 1	-ゼロ	plec	-ez	lucrez	studiez
2	-i	pleci	-ezi	lucrezi	studiezi
3	-ă	pleacă	-ează	lucrează	studiază
複 1	-ăm	plecăm	-ăm	lucrăm	studiem
2	-ați	plecați	-ați	lucrați	studiați
3	-ă	pleacă	-ează	lucrează	studiază

※ 3 人称単・複数とも -e- は -ea-

* 3 人称単・複数 -ează は -iază に、1 人称複数 -ăm は -em になる

2. 第 II 変化 (-ea 語尾) 動詞の活用 [直説法現在 / 肯定形・否定形]

		a putea「できる」		a vedea「見る」	
		肯定形	否定形	肯定形	否定形
単 1	-ゼロ	pot	nu pot	văd	nu văd
2	-i	poți	nu poți	vezi	nu vezi
3	-e	poate	nu poate	vede	nu vede
複 1	-em	putem	nu putem	vedem	nu vedem
2	-eți	puteți	nu puteți	vedeți	nu vedeți
3	-ゼロ	pot	nu pot	văd	nu văd

3. 第III変化（-e 語尾）動詞の活用 ［直説法現在］

		a face 「する」	a înțelege 「分かる」	a merge 「行く」	a scrie 「書く」
単1	-ゼロ	fac	înțeleg	merg	scriu
2	-i	fac*i*	înțeleg*i*	merg*i*	scri*i*
3	-e	fac*e*	înțeleg*e*	merg*e*	scrie
複1	-em	fac*em*	înțeleg*em*	merg*em*	scri*em*
2	-eți	fac*eți*	înțeleg*eți*	merg*eți*	scri*eți*
3	-ゼロ	fac	înțeleg	merg	scriu

4. 第IV変化（-i, -î 語尾）動詞の活用 ［直説法現在］

不定法の語尾が -i か -î か、また、1人称単数の語尾のタイプが -ゼロかどうかで4種類に分かれます。

-i 語尾				-î 語尾	
-ゼロタイプ		-esc タイプ		-ゼロタイプ	
a veni 「来る」		a citi 「読む」		a coborî 「降りる」	
-ゼロ	vin	-esc	cit*esc*	-ゼロ	cobor
-i	vi*i*	-eşti	cit*eşti*	-i	cobor*i*
-e	vin*e*	-eşte	cit*eşte*	-ă	coboar*ă*
-im	ven*im*	-im	cit*im*	-âm	cobor*âm*
-iți	ven*iți*	-iți	cit*iți*	-âți	cobor*âți*
-ゼロ	vin	-esc	cit*esc*	-ă	coboar*ă*

-i 語尾						
-ăsc タイプ		-esc タイプ		-ゼロタイプ		
a hotărî「決める」		a vorbi「話す」		a ieși「出る」	a ști「知る」	
-ăsc	hotăr*ăsc*	-esc	vorb*esc*	ies	știu	
-ăști	hotăr*ăști*	-ești	vorb*ești*	ieș*i*	ști*i*	
-ăște	hotăr*ăște*	-ește	vorb*ește*	iese	știe	
-âm	hotăr*âm*	-im	vorb*im*	ieș*im*	ști*m*	
-âți	hotăr*âți*	-iți	vorb*iți*	ieș*iți*	ști*ți*	
-ăsc	hotăr*ăsc*	-esc	vorb*esc*	ies	știu	

5. 再帰動詞の作り方

再帰動詞とは、自分のした動作が自分に帰ってくることを表す動詞の形です。主語に対応させて、「自分自身」を表す再帰代名詞を動詞の前に置いて作ります。再帰動詞の3人称には se（対格）か își（与格）を、1・2人称には弱形の人称代名詞と同じ形を、それぞれ用います。例えば、a se scula「起きる」という再帰動詞は、「起こす（a scula）」相手が自分自身だと考えればわかりやすいでしょう。

a scula「起こす」	a se scula「起きる」	a spăla「…洗う」	a se spăla (pe...)「自分の…（を）洗う」
scol	**mă** scol	spăl	**mă** spăl
scol*i*	**te** scol*i*	spel*i*	**te** spel*i*
scoal*ă*	**se** scoal*ă*	spal*ă*	**se** spal*ă*
scul*ăm*	**ne** scul*ăm*	spăl*ăm*	**ne** spăl*ăm*
scul*ați*	**vă** scul*ați*	spăl*ați*	**vă** spăl*ați*
scoal*ă*	**se** scoal*ă*	spal*ă*	**se** spal*ă*

◆再帰動詞の用法
(1) 再帰代名詞が対格 **mă, te, se; ne, vă, se** なら、これは動詞の直接目的語「…を」に相当します。
(2) 再帰代名詞が与格 **îmi, îți, își; ne, vă, își** なら、動詞の間接目的語「…に」です。間接目的語は、a-şi spăla fața「(自分に対して顔を洗う→)自分の顔を洗う」のように、所有も表せます。

◆再帰動詞の活用

	a se îmbrăca「服を着る」	a-şi îmbrăca「自分の…を着る」	a se gândi「考える」
単 1	**mă** îmbrac	**îmi** îmbrac	**mă** gând*esc*
2	**te** îmbra*ci*	**îți** îmbra*ci*	**te** gând*eşti*
3	**se** îmbra*că*	**îşi** îmbra*că*	**se** gând*eşte*
複 1	**ne** îmbrăc*ăm*	**ne** îmbrăc*ăm*	**ne** gând*im*
2	**vă** îmbrăc*ați*	**vă** îmbrăc*ați*	**vă** gând*iți*
3	**se** îmbra*că*	**îşi** îmbra*că*	**se** gând*esc*

◆過去分詞

複合過去や受動態を作るのに使います。

不定法 → 過去分詞

Ⅰ	-a	**-at**	a lucra	「働く」	→ lucr*at*
Ⅱ	-ea	**-ut**	a vedea	「見る」	→ văz*ut*
Ⅲ	-e	**-ut / -s**	a face	「する」	→ făc*ut*
Ⅳ	-i	**-it**	a citi	「読む」	→ cit*it*
	-î	**-ât**	a hotărî	「決める」	→ hotăr*ât*

※第Ⅲ変化動詞には -s（または -t）語尾の過去分詞も多数あります（例：a merge「行く」→ mers；a scrie「書く」→ scris；a frige「焼く」→ fript）。

6. 複合過去 [直説法]

複合過去は達成済みの「…した」を表します。

複合過去の作り方は:

| 助動詞 a avea の特殊形 *am, ai, a; am, ați, au* + 動詞の過去分詞 |

		a fi 「…である」	a fi 否定形会話体	a avea 「持つ」	a putea 「できる」
単	1	*am* fost	**n**-*am* fost	*am* avut	*am* putut
	2	*ai* fost	**n**-*ai* fost	*ai* avut	*ai* putut
	3	*a* fost	**n**-*a* fost	*a* avut	*a* putut
複	1	*am* fost	**n**-*am* fost	*am* avut	*am* putut
	2	*ați* fost	**n**-*ați* fost	*ați* avut	*ați* putut
	3	*au* fost	**n**-*au* fost	*au* avut	*au* putut

※ a scrie「書く」: *am* scris, *ai* scris, *a* scris; *am* scris, *ați* scris, *au* scris

◆再帰動詞の複合過去

(1)「a-și ...」再帰動詞の複合過去は:

| mi-am, ți-ai, și-a; ne-am, v-ați, și-au + 動詞の過去分詞 |

(2)「a se ...」再帰動詞の複合過去は:

| m-am, te-ai, s-a; ne-am, v-ați, s-au + 動詞の過去分詞 |

		a-și aminti「思い出す」		a se gândi「考える」
		現在形	複合過去	複合過去
単	1	**îmi** amint*esc*	**mi**-*am* amintit	**m**-*am* gândit
	2	**îți** amint*ești*	**ți**-*ai* amintit	**te**-*ai* gândit
	3	**își** amint*ește*	**și**-*a* amintit	**s**-*a* gândit
複	1	**ne** amint*im*	**ne**-*am* amintit	**ne**-*am* gândit
	2	**vă** amint*iți*	**v**-*ați* amintit	**v**-*ați* gândit
	3	**își** amint*esc*	**și**-*au* amintit	**s**-*au* gândit

7. 半過去 [直説法]

　半過去は、過去のことがらを継続または反復したものとしてとらえ、達成半ばの「…していた」を表します。半過去は、不定法の語尾を取り除いた後に、動詞に応じて次の語尾を加えます。

		不定法 -a, -î		不定法 -e, -i		
		a cânta「歌う」	a coborî「降りる」		a trece「わたる」	a ieși「出る」
単	1	-am	cânt*am*	cobor*am*	-eam	trec*eam*	ieș*eam*
	2	-ai	cânt*ai*	cobor*ai*	-eai	trec*eai*	ieș*eai*
	3	-a	cânt*a*	cobor*a*	-ea	trec*ea*	ieș*ea*
複	1	-am	cânt*am*	cobor*am*	-eam	trec*eam*	ieș*eam*
	2	-ați	cânt*ați*	cobor*ați*	-eați	trec*eați*	ieș*eați*
	3	-au	cânt*au*	cobor*au*	-eau	trec*eau*	ieș*eau*

※ a scrie「書く」: scri*am*, scri*ai*, scri*a*; scri*am*, scri*ați*, scri*au*
第Ⅱ変化（-ea 語尾）動詞の場合は不定法に -m, -i, -a; -m, -ți, -u を加えるだけ。例：a putea「できる」

put*eam*, put*eai*, put*ea*; put*eam*, put*eați*, put*eau*

8. 未来 [直説法]

　動詞の未来形には3つの作り方がありますがここでは頻繁に使われている2つの作り方を示します。

(1) 助動詞 a vrea の特殊形（**voi, vei, va; vom, veți, vor**）＋不定法

a merge「行く」			
単 1	**voi** merge	複 1	**vom** merge
2	**vei** merge	2	**veți** merge
3	**va** merge	3	**vor** merge

(2) **o（変化なし）+接続法現在**

a merge「行く」			
単 1	o *să* merg	複 1	o *să* mergem
2	o *să* mergi	2	o *să* mergeți
3	o *să* **meargă**	3	o *să* **meargă**

9. 接続法現在

接続法は、まだ実現していないことがらを希望、願い、疑いといった角度からとらえる動詞の形です。作り方は：

(1) 1・2人称は、接続法を示す **să** の後に直説法現在各形を置くだけです。
(2) 3人称単数・複数は、**să** の後に置く形が同一になります。直説法現在の3人称単数形をもとに、その語末が -ă なら -e に、-e なら -ă に変えます。

直説法現在3単数			接続法現在3単数・複数	
I	-a	→ pleacă	-e	să plec*e*
	-ează	→ lucrează	-eze	să lucr*eze*
II	-ea	→ vede	-ă	să vad*ă*
III	-e	→ face	-ă	să fac*ă*
IV (-i)	-e	→ iese	-ă	să ias*ă*
	-ește	→ vorbește	-ească	să vorb*ească*
IV (-î)	-ă	→ coboară	-e	să coboar*e*
	-ăște	→ hotărăște	-ască	să hotăr*ască*

※ a fi「…である」: *să* fiu, *să* fii, *să* fie; *să* fim, *să* fiți, *să* fie

※ a avea「持つ」: *să* am, *să* ai, *să* aibă; *să* avem, *să* aveți, *să* aibă

例：Trebuie *să* sosească la timp.

　　（飛行機は）時間どおり到着しなければならない。

　　Vrea *să* meargă la universitate. （彼は）大学へ行きたい。

10. 動詞の活用変化

◆規則動詞の活用

a dormi「寝る」

		直説法現在	複合過去	半過去	接続法現在
単	1	dorm	*am* dormit	dorm*eam*	*să* dorm
	2	dorm*i*	*ai* dormit	dorm*eai*	*să* dormi
	3	doarme	*a* dormit	dorm*ea*	*să* **doarmă**
複	1	dorm*im*	*am* dormit	dorm*eam*	*să* dormim
	2	dorm*iți*	*ați* dormit	dorm*eați*	*să* dormiți
	3	dorm	*au* dormit	dorm*eau*	*să* **doarmă**

a se odihni「休む」

		直説法現在	複合過去	半過去
単	1	**mă** odihn*esc*	m-*am* odihnit	**mă** odihn*eam*
	2	**te** odihn*ești*	te-*ai* odihnit	**te** odihn*eai*
	3	**se** odihn*ește*	s-*a* odihnit	**se** odihn*ea*
複	1	**ne** odihn*im*	ne-*am* odihnit	**ne** odihn*eam*
	2	**vă** odihn*iți*	v-*ați* odihnit	**vă** odihn*eați*
	3	**se** odihn*esc*	s-*au* odihnit	**se** odihn*eau*

接・現：*să* **mă** odihnesc, *să* **te** odihnești, *să* **se** odihnească;

　　　　să **ne** odihnim, *să* **vă** odihniți, *să* **se** odihnească

a se întoarce「帰る」

		直説法現在	複合過去	半過去
単	1	**mă** întorc	m-*am* întors	**mă** întorc*eam*
	2	**te** întorci	te-*ai* întors	**te** întorc*eai*
	3	**se** întoarce	s-*a* întors	**se** întorc*ea*
複	1	**ne** întoarcem	ne-*am* întors	**ne** întorc*eam*
	2	**vă** întoarceți	v-*ați* întors	**vă** întorc*eați*
	3	**se** întorc	s-*au* întors	**se** întorc*eau*

接・現：*să* **mă** întorc, *să* **te** întorci, *să* **se** întoarcă;

　　　　să **ne** întoarcem, *să* **vă** întoarceți, *să* **se** întoarcă

◆不規則動詞の活用

a fi「…である」

	直説法現在	複合過去	半過去	接続法現在
単1	sunt	*am* fost	er*am*	*să* fiu
2	eşti	*ai* fost	er*ai*	*să* fii
3	este	*a* fost	er*a*	*să* **fie**
複1	suntem	*am* fost	er*am*	*să* fim
2	sunteți	*ați* fost	er*ați*	*să* fiți
3	sunt	*au* fost	er*au*	*să* **fie**

a avea「持つ」

	直説法現在	複合過去	半過去	接続法現在
単1	am	*am* avut	ave*am*	*să* am
2	ai	*ai* avut	ave*ai*	*să* ai
3	are	*a* avut	ave*a*	*să* **aibă**
複1	avem	*am* avut	ave*am*	*să* avem
2	aveți	*ați* avut	ave*ați*	*să* aveți
3	au	*au* avut	ave*au*	*să* **aibă**

a mânca「食べる」

	直説法現在	複合過去	半過去	接続法現在
単1	mănânc	*am* mâncat	mânc*am*	*să* mănânc
2	mănânci	*ai* mâncat	mânc*ai*	*să* mănânci
3	mănâncă	*a* mâncat	mânc*a*	*să* **mănânce**
複1	mâncăm	*am* mâncat	mânc*am*	*să* mâncăm
2	mâncați	*ați* mâncat	mânc*ați*	*să* mâncați
3	mănâncă	*au* mâncat	mânc*au*	*să* **mănânce**

a bea「飲む」

	直説法現在	複合過去	半過去	接続法現在
単1	beau	*am* băut	be*am*	*să* beau
2	bei	*ai* băut	be*ai*	*să* bei
3	bea	*a* băut	be*a*	*să* **bea**
複1	bem	*am* băut	be*am*	*să* bem
2	beți	*ați* băut	be*ați*	*să* beți
3	beau	*au* băut	be*au*	*să* **bea**

a lua「取る」

	直説法現在	複合過去	半過去	接続法現在
単 1	iau	*am* luat	lu*am*	*să* iau
2	iei	*ai* luat	lu*ai*	*să* iei
3	ia	*a* luat	lu*a*	*să* **ia**
複 1	luăm	*am* luat	lu*am*	*să* luăm
2	luați	*ați* luat	lu*ați*	*să* luați
3	iau	*au* luat	lu*au*	*să* **ia**

a da「与える」

単 1	dau	*am* dat	dăd*eam*	*să* dau
2	dai	*ai* dat	dăd*eai*	*să* dai
3	dă	*a* dat	dăd*ea*	*să* **dea**
複 1	dăm	*am* dat	dăd*eam*	*să* dăm
2	dați	*ați* dat	dăd*eați*	*să* dați
3	dau	*au* dat	dăd*eau*	*să* **dea**

a vrea「欲する」

単 1	vreau	*am* vrut	vre*am*	*să* vreau
2	vrei	*ai* vrut	vre*ai*	*să* vrei
3	vrea	*a* vrut	vre*a*	*să* **vrea**
複 1	vrem	*am* vrut	vre*am*	*să* vrem
2	vreți	*ați* vrut	vre*ați*	*să* vreți
3	vor	*au* vrut	vre*au*	*să* **vrea**

a sta「とどまる」

単 1	stau	*am* stat	stăt*eam*	*să* stau
2	stai	*ai* stat	stăt*eai*	*să* stai
3	stă	*a* stat	stăt*ea*	*să* **stea**
複 1	stăm	*am* stat	stăt*eam*	*să* stăm
2	stați	*ați* stat	stăt*eați*	*să* stați
3	stau	*au* stat	stăt*eau*	*să* **stea**

11. 命令法

命令法の2人称複数は、直説法現在の2人称複数と同じ形を使います。

Ⅰ：Intrați! 入ってください！　Studiați! 勉強してください！
Ⅱ：Vedeți! 見てください！
Ⅲ：Scrieți! 書いてください！
Ⅳ：Coborâți! 降りてください！

命令法の2人称単数は、多くの場合、直説法現在の3人称単数と同じです。

Ⅰ：	Intră! 入りなさい！	
Ⅱ：	Vezi! 見なさい！	
Ⅲ：	Mergi! 行きなさい！	Scrie! 書きなさい！
Ⅳ (-i)：	Auzi! 聞きなさい！	Citește! 読みなさい！
Ⅳ (-î)：	Coboară! 降りなさい！	Hotărăște! 決めなさい！

しかし、表中に網かけで示したように、第Ⅱ、第Ⅲ、第Ⅳ（-i 語尾 ゼロタイプ）変化動詞に属する仲間の多くは、命令法が直説法現在の2人称と同じ形になります。

一方、動詞 a fi, a avea の命令法2人称単数形は次のとおりです。

Fii! …でありなさい！	**Fii** atent! 注意しなさい！
Ai! 持ちなさい！	**Ai** grijă! 気をつけなさい！

12. 条件法現在

現実とは裏腹の世界を描くのが条件法です。「もし…ならば」と「…するでしょうに」のいずれをも意味することができます。「…したいのですが」という丁寧な願望を表すこともできます。

〈条件法現在の作り方〉

助動詞 a avea の特殊形（**aș, ai, ar; am, ați, ar**）＋不定法

例:Dacă **aş** avea bani, **aş** face un tur al lumii.
　　もしお金があれば、世界一周をするでしょうに。

13. 動詞から作る名詞

| 動詞の不定法 + *-re* |

例: a spăla「洗う」　　　　→ 女 spăl*are* 洗うこと
　　a se plimba「散歩する」　→ 女 plimb*are* 散歩
　　a învăța「学ぶ」　　　　→ 女 învăț*are* 学ぶこと
　　a studia「勉強する」　　→ 女 studi*ere* 勉強
　　a scrie「書く」　　　　　→ 女 scri*ere* 書くこと
　　a citi「読む」　　　　　→ 女 cit*ire* 読むこと
　　a coborî「降りる」　　　→ 女 cobor*âre* 降りること
　　a urca「乗る」　　　　　→ 女 urc*are* 乗ること
　　a hotărî「決める」　　　→ 女 hotăr*âre* 決めること

14. 名詞の性と数

ルーマニア語の名詞には、男性、女性、中性という性の区別があります。名詞は性と数(単数、複数)によって語尾が異なります。それぞれの語尾変化は下記のとおりになります。太字の語尾が基本です。

	男性名詞	女性名詞	中性名詞
単数	**-子音**、-u、-e	**-ă**、-e	**-子音**、-u
複数	**-i**	**-e**、-i	-e、**-uri**

単数	studen**t** 学生	student**ă** 女学生	tren 列車
	fi**u** 息子	femei**e** 女性	teatr**u** 劇場
複数	studenț**i**	student**e**	tren**uri**
	fi**i**	femei	teatr**e**

15. 定冠詞について / 単数・複数形

定冠詞は、名詞の語尾に直結した形で表されます。

単数形冠詞なし	定冠詞	定冠詞付名詞
男・中 / 同形	~(u)l または 男性形~le	
女性	~(u)a	
例： fiu 男 息子		→ fiul
frate 男 兄弟		→ fratele
muzeu 中 博物館		→ muzeul
masă 女 机		→ masa
cafea 女 コーヒー		→ cafeaua
複数形冠詞なし	定冠詞	定冠詞付名詞
女・中 / 同形	~le	
男性	~i	
例： fii 男		→ fiii
frați 男		→ frații
muzee 中		→ muzeele
mese 女		→ mesele
cafele 女		→ cafelele

16. 不定冠詞

名詞の前に置かれて、「1つの…」「いくつかの…」という意味を軽く添えます。

単 数		複 数
男性・中性	女性	男性・中性・女性
un	**o**	**niște**

男性	**un** câine	**niște** câini
中性	**un** hotel	**niște** hoteluri
女性	**o** carte	**niște** cărți

著者紹介
鈴木　エレナ（すずき　エレナ・SUZUKI Elena）
ブカレスト大学（世界史専攻）
公文書翻訳・通訳を行う。
主要著書・訳書
『CDエクスプレス　ルーマニア語』（共著・白水社）
『ニューエクスプレス　ルーマニア語』（共著・白水社）
『Zbuciumul inimii』（夏目漱石『こころ』ルーマニア語訳）
ルーマニア・日本文化交流絵画展のカタログ翻訳等

鈴木　学（すずき　まなぶ・SUZUKI Manabu）
ブカレスト大学大学院（ルーマニア近代史専攻）、ブカレスト大学歴史学博士
翻訳・通訳等を行う。
主要訳書
『Cocorul de seară』（木下順二『夕鶴』ルーマニア語訳）
『Aici sunt strigoi』（安部公房『幽霊はここにいる』ルーマニア語訳）
『ルーマニア史』（アンドレイ・オツェテア編　共訳）
『ドラキュラ伯爵』（ニコラエ・ストイチェスク　共訳）

ニューエクスプレス　ルーマニア語単語集

2012年2月10日　印刷
2012年3月5日　発行

著　者　Ⓒ　鈴　木　エ　レ　ナ
　　　　　　鈴　木　　　学
発行者　　　及　川　直　志
印刷所　　　株式会社　三秀舎

発行所　101-0052 東京都千代田区神田小川町3の24
　　　　電話 03-3291-7811（営業部），7821（編集部）　株式会社　白水社
　　　　http://www.hakusuisha.co.jp
　　　　乱丁・落丁本は、送料小社負担にてお取り替えいたします。

振替 00190-5-33228　　　　　Printed in Japan　　　加瀬製本

ISBN978-4-560-08585-1

Ⓡ〈日本複写権センター委託出版物〉
　本書の全部または一部を無断で複製複写（コピー）することは、著作権法上での例外を除き、禁じられています。本書からの複写を希望される場合は、日本複写権センター（03-3401-2382）にご連絡ください。

▷本書のスキャン、デジタル化等の無断複製は著作権法上での例外を除き禁じられています。本書を代行業者等の第三者に依頼してスキャンやデジタル化することはたとえ個人や家庭内での利用であっても著作権法上認められていません。

はじめての入門書◆決定版！

ニューエクスプレス
ルーマニア語

鈴木信吾／鈴木エレナ 著

見やすい・わかりやすい・使いやすい！ 会話から文法へ——はじめての入門書◆決定版．中世の薫を色濃く残しつつ，EU加盟で経済面も注目の国．東欧のロマンス語をご案内します．　　　　A5判　149頁【CD付】

構成
- ◇ルーマニア語ってどんなことば？
  → 最初にことばの特徴や歴史をご案内
- ◇文字と発音 → 発音のコツと骨組をやさしく解説
- ◇本文 → 各課4頁立て全20課
- ◇練習問題 → 2課ごとに2頁で，親切ヒント！付き
- ◇単語力アップ・表現力アップ
  → テーマ別の単語と表現のコーナーで会話力もOK
- ◇単語リスト → 巻末には使用単語をすべて掲載
- ◇CD → 会話と単語，聞き取り練習問題，表現力アップを収録

調べて，覚えて，すぐに使える3000語！
《ニューエクスプレス単語集》シリーズ

ニューエクスプレス **スウェーデン語単語集**	速水望 著
ニューエクスプレス **チェコ語単語集**	保川亜矢子 著
ニューエクスプレス **ルーマニア語単語集**	鈴木エレナ／鈴木学 著
ニューエクスプレス **ハンガリー語単語集**	早稲田みか／岡本真理／バルタ・ラースロー 著